Hans Staden, Robert Avé-Lallemant

Bei den brasilianischen Wilden

Oder die Macht des Glaubens und Betens

Hans Staden, Robert Avé-Lallemant

Bei den brasilianischen Wilden
Oder die Macht des Glaubens und Betens

ISBN/EAN: 9783743362581

Hergestellt in Europa, USA, Kanada, Australien, Japan

Cover: Foto ©Lupo / pixelio.de

Manufactured and distributed by brebook publishing software
(www.brebook.com)

Hans Staden, Robert Avé-Lallemant

Bei den brasilianischen Wilden

~~~aden von Homberg

bei den

~~~ianischen Wilden

oder

~~es Glaubens ~~~~~~

herausgegeben

von

~~bert Avé-Lallem~~

~eisen durch Bra~~~~

Hamburg.

~gentur des Rauhen Hauses.

R~~~~~~~rd-Amerika): „Pilger"-Buchhandlung
~~~~~ernagel & Bendel).

Vorwort.

Im Jahre 1556 erschien in Frankfurt a/M. ein höchst merkwürdiges Buch unter dem folgenden Titel:

Warhaftig Historia und Beschreibung einer Landtschafft der wilden, nackenden, grimmigen Menschenfresser Leuthen, in der newen Welt America gelegen, vor und nach Christi Geburt im Land zu Hessen unbekant, bisz auff dise II nechst vergangene Jar, da sie Hans Staden von Homberg ausz Hessen durch seyn eygene Erfarung erkant, und ietzund durch den Truck an Tag gibt.

dedicirt dem durchleuchtigen hochgebornen Herrn, H. Philipsen Landgraff zu Hessen Graff zu Katzenelnbogen, Dietz, Ziegenhain und Nidda, seinem G. H.

mit einer Vorrede D. Joh. Dryandri, genant Eychman, ordinarii professori medici zu Marpurgk.

(Franckfurt am Main
durch Weygandt Han
1556).

Die Widmung des Büchleins an den Landgrafen von Hessen characterisirt vollkommen den Verfasser und sein Werk:

„Gnad und Fried in Christo Jhesu unserm erlöser. Gnediger Fürst und Herr! Es spricht der Heilige Königliche Prophet David, im hundert und siebenden Psalm. Die mit Schiffen auff dem Meer fuhren, und trieben ihren Handel in großen wassern. Die des Herrn werck erfahren haben, und seine wunder im Meer. Wenn er sprach, und einen sturmwindt erregete, der die wellen erhub, und sie gen Himmel furen, und in abgrundt fuhren, das ire seel für angst verzagte, das sie tummelten wie ein trunckener, und wußten keinen rath mehr. Und sie zum Herrn schreien in irer not, und er sie auß ihren ängsten füret. Und stillete das ungewitter, das die wellen sich legten. Und sie froh wurden, das stille worden war. Und er sie zu lande bracht nach ihrem wuntsch. Die sollen dem HERRN dancken, und seine güte, und umb seine wunder, die er an den menschen kindern thut. Und inen bey der gemein preisen, und bei den alten rühmen." *)

„Also bedancke ich mich gegen dem Allmechtigen Schöpfer Himmels, Erden und Meeres, seinem Son Jesum Christum und dem Heiligen Geyst, der großen gnad und barmhertzigkeit, die er mir unter den wilden leuten des lands Prasilien, welches inwoner, die mich gefangen hatten, genannt die Tuppin Jmba, und menschen fleisch essen, derer gefangener ich neun Monat gewesen, und viel andere gefahre mehr durch ihre heilige Dreyfaltigkeit, gantz unverhoffter wunderlicher weise wiederfaren ist, das ich nach langem ellendes

---

*) Daß ich 300 Jahre nach dem mir damals noch unbekannten Hans Staden meine brasilianische Reisebeschreibung mit denselben Psalmesworten schloß, das liegt in der ewigen Wahrheit dieses Psalmes.

gefahr leibs und lebens widerumm in E. F. G. Fürstenthumb, mein höchstgeliebtes Vatterlandt, widerumm nach verlauffen Reyse und Schiffart undertheniglich anzeigen sollen, welche ich auffs kürtzeste begriffen hab. Ob E. F. G. zu irer geselligen gelegenheit, darinne mit Hilff Gottes, durch mich durchzogene Land und Meer, sich wollen vorlesen lassen, umm wunderbarer geschicht willen, der Allmechtige Gott in nöten, bei mir erzeiggt hat. Damit auch E. F. G. an mir nicht zweiffele, als solte ich unware Ding vor= geben, wölte E. F. G. ich ein Paß port, zu diesem Bericht dienlich, selbs offeriren. Gott sey in allem allein die ehre. Und bevelhe mich hiemit E. F. G. in unterthenigkeit. Datum Wolffhagen den zwanzigsten Junii Anno Domini im fünfftzehen hundert und Sechs und fünffzigsten. E. F. G. Geborener untersaß Hans Staden von Homberg in Hessen, ietzt Burger zum Wolffhagen."

Dieser Widmung reiht sich dann eine Vorrede des Dryander an, von der wir we=

nigſtens den erſten Paragraphen hier herſetzen wollen:

„Dem wolgebornen Herrn H. Philipſen Graff zu Naſſaw und Sarprück etc. meinem gnedigen Herrn wünſcht D. Dryander viel Heils mit Erbietung ſeiner Dienſte."

„Es hat mich Hans Staden, der dies Buch und Hiſtoria ietz durch den Druck leßt außgehen, gebetten, das ich doch zuvor ſeine Arbeit und Schrifft diſer Hiſtorien uberſehen, Corrigiren, und wo es von nöten iſt, verbeſſern wölle. Diſer ſeiner Bitte habe ich auß vielerley urſach ſtatt geben. Erſtmals, das ich dieſes Authoris Vatter nun mehr in die fünfftzig jar gekandt (dann er und ich auß einer Stadt, nemlich zu Wetter, geboren und aufferzogen ſein) und nicht anders denſelbigen, daheim, und zu Hombergk in Heſſen, da er ietz wohnhaftig iſt, denn als vor ein aufrichtig frommen und dapffern Mann, der etwa auch in guten künſten ſtudirt, erkant hab, und (wie in gemeinen ſprüchwort iſt) der Apffel ſchmeckt allwege nach dem ſtamm, zu verhoffen Hans Staden, dieses Ehrlichen Manns Sone, sol in tugenden und frombkeit dem Vatter nacharten."

Und nun folgt eine lange Reihe von Argumenten, daß Stadens Bericht als vollkommen wahr hinzunehmen sein möchte.

Stadens Buch muß seiner Zeit viel Aufsehen gemacht und auch wohl viel Anfechtung in Bezug auf seine Glaubwürdigkeit erlitten haben. — Eine niedersächsische Uebersetzung ward „gedruckt to Hamborch, dorch Jochim Louw. Anno MDLXI." — Lateinisch übersetzt erschien Stadens Buch in der Reisesammlung von Bry und M. Merian, Francof. 1590 — 1654. — Auch ist sie französisch von Jean de Léry in dessen brasilianischer Reise (Rouen 1578) wieder gegeben, — auch von Ternaux — Compans, Paris 1837.

Höchst verdienstvoll ist es endlich, daß der „literarische Verein in Stuttgart" das Buch Stadens mit dem merkwürdigen Feldzug des N. Federmanns von Coro in Südamerika aus, durch den Dr. Karl Klüpfel hat abdrucken lassen, Stuttgart 1859.

So könnte denn eine Veröffentlichung, die das Buch des Hans Staden zum Gegenstande hat, überflüssig erscheinen. Aber keineswegs ist sie überflüssig. Einmal soll meine Darstellung die gewissenhafte Wahrheitsliebe des Märtyrers aus Hessen, wenn wir ihm Schritt für Schritt durch seinen schrecklichen brasilianischen Aufenthalt nachfolgen, beweisen. Und dann pflücken wir damit wieder einmal die köstlichste Frucht aus Stadens Geschichte, daß das Anrufen Gottes, das laute Beten zu Gott, aus Nöthen hilft, in denen alle und jegliche Menschenhülfe fern steht, aus denen nur ein Wunder, nur Gottes unmittelbarer Wille retten kann.

Ja, so wahr Gott lebt, so wahr ist Staden durch solch unmittelbares Eingreifen Gottes gerettet worden aus den Händen der entsetzlichen brasilianischen Kanibalen, deren Nachkommen ich ja ebenfalls noch in ihrer grausigen Brutalität gesehen habe. Gott allein hat ihn ohne alle Menschenhülfe unter den Barbaren erhalten. Und wohl hat der fromme, gottgetreue Hesse Recht, wenn er seine Historia anfängt mit den Worten:

> Was hilfft der wechter in der stadt,
> Dem gewaldigen schiff im meer sein fart,
> So sie Gott beide nicht bewart.

Der Verfasser.

Lübeck, im Juli 1871.

Inhalt.

	Seite
Vorwort.	III
Erstes Capitel. Stadens erste Reise nach Brasilien..	1
Zweites Capitel. Stadens zweite Reise und Schiffbruch	14
Drittes Capitel. Stadens Aufenthalt in Buriquioca..	35
Viertes Capitel. „Aus tiefer Noth schrei ich zu dir!"	48
Fünftes Capitel. Staden und Cunhã-bebé.........	67
Sechstes Capitel. Stadens Heimreise..............	97
Schlußwort. Die Gründung von Rio de Janeiro.....	101

Erstes Capitel.

Stadens erste Reise nach Brasilien.

Als zur Zeit der sogenannten Conquista, jener großen transatlantischen Entdeckungen eine ferne Küste nach der andern dem Meere entstieg, eine geographische Eroberung nach der andern gemacht, ein Naturwunder auf das andere von den überseeischen Gegenden erzählt ward, da zogen auch aus unserm deutschen Vaterlande gar manche Kaufleute und unternehmende Gesellen, wie denn unter unsern Landsleuten von je her große Wanderlust herrschte, hinaus in die weite Welt, um sich Kenntnisse und Erfahrungen oder auch Glücksgüter zu sammeln, und damit nach der Heimath zurückzukehren.

Inmitten jener bewegten Zeiten, gegen die Mitte des sechszehnten Jahrhunderts machte sich

Hans Staden von Homberg in Hessen auf, um, "wenn's Gott gefällig wäre, Indiam zu besehen". Er ging nach Bremen und von dort nach Holland, wo er in der alten Hansestadt Kampen ein Schiff fand, welches nach Portugal segeln sollte, um daselbst Salz zu laden. Nach einer Reise von vier Wochen kam er am 29. April 1547 nach "Sanct Tuval", Setubal oder S. Ubes, und ging von dort nach dem nur fünf Meilen fernen Lissabon, wo er bei einem Deutschen, der "jung Leuhr genannt" herbergte; denn nach Lissabon zogen schon damals manche deutsche Kaufleute, wie ich denn nur an einen einzigen Namen, an den des berühmten Nürnbergers Martin Beheim, zu erinnern brauche, der in Lissabon sogar zu großen Ehren gelangte. —

Diesem Wirth "Leuhr" stellte Staden sein Anliegen "in Indiam zu siegeln" vor. Doch waren eben die unter dem Schutz der Regierung segelnden Schiffe abgefahren, und Staden mußte sich einige Zeit im Dienst seines deutschen Wirthes gedulden, bis es diesem gelang, ihn auf ein Schiff "für einen Büchsenschützen" zu bringen. Der Schiffsführer hieß Pintado, und sollte nach "Prasilien" segeln. Er hatte im Auftrag der Regierung einige Verbannte nach Brasilien zu bringen, welches Land man damals zum Verbannungsort — desterro — benutzte, so daß noch heute die Hauptstadt der südbrasilianischen Provinz S. Katharina schlechtweg Desterro genannt wird. Dazu hatte Pintado Erlaubniß, auf seinem Wege nach Brasilien an der afrikanischen Küste Kaperei zu treiben, und in Brasilien selbst die französischen Schiffe, die sich dort schon seit der Entdeckung des Landes widerrechtlich umher zu treiben pflegten, zu überfallen und weg zu nehmen.

Pintados Schiff, in dessen Begleitung sich noch ein kleines Fahrzeug befand, war, wie Staden erzählt „wol gerüst mit aller Kriegsrüstung, welche man zu wasser gebraucht. Unser waren drey Teutscher in dem schiff, einer genannt Hans von Bruchhausen, der ander Heinrich Brant von Bremen und ich." — Sie erreichten glücklich die portugiesische Insel Madeira, Ilha da Madeira, oder „Eilga de Madera," wie Staden sie schreibt, und deren Hauptstadt „Funtschal", wo einiger Proviant eingenommen ward. Schon damals war die Insel „fruchtbar von wein und zucker."

Von dort beschloß Pintado einen Streich gegen die Küste von Afrika auszuführen. Denn damals herrschte noch kein Friede zwischen der Christenwelt und dem Halbmond. Es galt als ein besonderer Ruhm, eine Lanze in Afrika hinein zu werfen, wie das portugiesische Sprichwort noch heutigen Tages ein muthiges Unternehmen bezeichnet. Und die unglückliche Schlacht von Alcazarquivir, in der der

1*

König von Portugal Don Sebastian und die beiden maurischen Fürsten Mulei Muhammed und Mulei Maluco auf demselben Plan in Afrika fielen, war im Jahr 1578, am 4. August, also viel später noch, als Pintados Seezug. Die kühnen Abenteurer fuhren „nach einer Stadt Cape de Gel" welche ehemals den Portugiesen gehörte, aber den „weißen Moren" in die Hände gefallen war, und unter einem Befehls= haber stand, den Staden den König Schiriffe nennt. Hier trafen sie spanische Fischer, von denen sie Kundschaft über den Ort einzogen. Bald kam auch ein Schiff mit voller Ladung aus dem Hafen aus= gelaufen. Es ward von den Portugiesen genommen; die Mannschaft flüchtete sich ans Land, ward aber auch bis dahin von den Lusitanen verfolgt, welche sogar landeten trotz der maurischen Reiterei am Ufer und unter muthigem Gefecht das am Strand liegende Schiffsboot der geflüchteten Ungläubigen mit nahmen als Beweis, daß sie wirklich eine Lanze in Afrika gebrochen hatten. — Siegreich segelten sie zurück nach Madeira mit einer reichen Ladung von „Zucker, Mandeln, Datteln, bocks Heude, gummi Arabicum" u. s. w. Dann schickte Pintado das kleine Schiff, welches ihn begleitete, mit einem Be= richt über den Vorfall nach Lissabon und erhielt den Befehl, seine Reise fortzusetzen.

Aber der Sieg über die Ungläubigen hatte unsere Waräger kühn gemacht. Statt direct nach Brasilien zu segeln, versuchten sie noch einmal einen Kreuzzug gegen den oben genannten Hafen der Berbern. Doch war ihnen der Wind entgegen, und unter einem großen Sturmwind, wie solche Stürme bei Madeira recht heftig vorkommen können im Spätherbst, fuhren sie in der Nacht vor Allerheiligentag fort von der afrikanischen Küste und im Cours nach Brasilien.

Gar hübsch beschreibt nun unser Staden die Erscheinungen auf hoher See zwischen den Wendekreisen, die Schaaren der Boniten und Douraden, die das Schiff umschwärmten und besonders die fliegenden Fische, pisce Bolador wie er sie nennt. Dann folgten Windstillen, Nachts oftmals große Donnerwetter mit Regen und endlich heftiger Gegenwind (Südostpassat) so daß die Seefahrer, nachdem sie unter der „linie Aequinoctial" große Hitze ausgestanden, und die Sonne um Mittag grade über den Scheitel gehabt hatten, fürchten mußten, Hungersnoth zu leiden.

Da riefen sie Gott an um guten Wind. „Und es begab sich eine Nacht, — sagt Staden —, das wir einen großen sturm hatten, waren in großer mühe, da erschienen uns viel blawer liechter in dem Schiff, dero ich nit mehr gesehen hatte. Da die bulgen vor in's schiff schlugen, da gingen der liechter auch. Die Portugaleser sagten, das die liechter ein zeichen gutes zukünftigen wetters waren, sonderlich von Gott gesant in nöten zutrösten. Thaten Gott eine Danksagung dafür mit einem gemeinen gebet. Darnach verschwunden sie wider. Und dise liechter heißen Santelmo oder Corpus Santon. Wie nun der tag anbrach, wurde es gut wetter, und kam ein guter windt, das wir augenscheinlich sahen, das solche liechter musten ein wunderwerk Gottes sein."

Endlich, nach einer Reise von 84 Tagen sahen die umhergeworfenen Portugiesen am 28. Januar das Cap Augustin, und liefen wenige Meilen nördlich davon in den Hafen von „Brannenbucke" ein, welches Wort natürlich Pernambuco heißen soll, — auf ungefähr 8° s. B.

Hier kam die kleine Kriegsmacht, — denn eine solche bildete Pintados Schiff allerdings, — zur gesegneten Stunde. Und unser ehrlicher Staden hat wohl schwerlich daran gedacht, daß sein Bericht über „Brannebucke" und dessen Umgegend für alle Zeiten aufbewahrt werden würde als ein wichtiger Beitrag zur Kenntniß der ersten brasilianischen Niederlassungen.

Gleich nördlich von dem Hafen von Pernambuco hatten die sich bereits in Brasilien befindlichen Portugiesen einen bösen Stand. Eine kleine Nieder=

lassung, Marin genannt, war von den Wilden hart belagert, und wurde nur mit Mühe von ihrem Kommandanten, den Staden „Artokoslio" nennt, vertheidigt. — Fast noch härter wurde ein wenige Meilen nördlich von Pernambuco an einem kleinem Flusse liegender Pflanzpunkt Iguarassu belagert. — Beide Orte konnten sich nicht zu Hülfe kommen und sahen dem härtesten Loose in der nächsten Zukunft mti Schrecken entgegen.

Zum Verständniß der Situation müssen wir hier einen Blick auf die frühste Geschichte Brasiliens werfen.

Portugal hatte das üppige Land Brasilien gleich nach seiner Entdeckung an eine Reihe von Günstlingen am Königshofe von Lissabon verschenkt, so daß Jeder die Größe eines mächtigen Königreiches erhielt. — Diese „Donatarios" wie man sie nannte, diese Dotirte kümmerten sich meistens gar nicht um ihre ungeheure Besitzung. Doch machte der Donatario von Pernambuco hiervon eine Ausnahme. Er hieß Duarte Coelho, und keinen andern Namen als diesen müssen wir in Stadens „Artokoslio" suchen. Das — s — ist eben ein Schreibfehler, der in den Druck übergegangen ist, und sich auch in der plattdeutschen hamburger Uebersetzung findet. Staden hat „Artokoelio" geschrieben oder schreiben wollen.

Duarte Coelho hatte zuerst den Ort Iguaraſſu auf dem Feſtland, und den Ort Tamaraca auf der hart am Feſtland liegenden Inſel gleichen Namens, einem wunderbar reizenden Eiland, angelegt Dann hatte er weiter ſüdlich den Ort Marin gegründet, der unter dem Namen Olinde ſpäter weltberühmt geworden iſt wegen ſeiner unbeſchreiblich ſchönen Lage auf einem unmittelbar am offenen Meer ſich erhebenden Hügel. Gegen dieſen Donatario hatten ſich die Indianer empört und belagerten ſeine Pflanz=ſtätten mit Tauſenden von Kriegern, welche Belage=rung Staden uns ungemein hübſch beſchrieben hat.

Pintado gab ſeine Deportirten an Duarte Coelho ab, lud etliche Güter aus, und machte ſich im Hafen von Pernambuco zur weiteren Reiſe fertig. Da ward er aber „um Gotteswillen gebetten von dem Hauptman des landes", er möchte doch dem nördlich von Pernambuco liegenden Flecken „Garaſu" zu Hülfe kommen, welcher von den Wilden belagert wäre, und von dem Ort Marin aus nicht entſetzt werden könnte, da man hier ebenfalls auf einen Angriff der Wilden gefaßt ſein müßte.

„Wir kamen, — erzählt uns Staden — denen von Garaſu zu hilff mit viertzig Mannen unſers ſchiffs, fuhren in einem kleinen ſchifflein dahin. Das Flecklin lag auf einem ſtramen des Meers, welches ſich zwo meil wegs landtwerts erſtrecket. Es möch=

ten unser Christen 90 zur wehr sein. Darneben dreißig Moren und Prasilianische schlaven, welche der einwoner eigen waren. Die wilden leut, so uns belegerten, wurden geachtet auf acht tausend. Wir in der belegerung hatten nur einen zaum von Reybeln umb uns her.

Diese „belegerung" beschreibt Staden sehr genau. Um den Flecken herum zog sich der Wald. In diesem hatten sich die Wilden von dicken Bäumen zwei Festungen gemacht, um sich dort hinein zu flüchten, wenn die Belagerten einen Ausfall machten. Auch schliefen sie Nachts in denselben. Für den Tag hatten sie um den Flecken herum Erdlöcher gemacht, von denen heraus sie mit der Festung scharmützirten. Wenn man nach ihnen schoß, warfen sie sich Alle nieder, um die Kugeln über sich weggehen zu lassen. Besonders gern schossen sie brennende Pfeile, welche mit Baumwolle und Wachs versehen und dann angesteckt worden waren, in hohem Bogen in die Festung hinein, um damit die Häuser in Brand zu stecken, oder auch Einzelne von den Belagerten zu verbrennen. Auch drohten sie mit Pantomimen, wie sie die Europäer auffressen wollten, sobald sie sie gefangen genommen haben würden.

Das Schlimmste aber war, daß es in Iguarassu um den Proviant schlecht stand. In gewöhnlichen

Zeiten holte man täglich oder doch alle zwei Tage frische Wurzeln und andere Nahrungsmittel aus dem Wald und den ringsum angelegten Pflanzungen, und hatte nie an eine eigentliche Verproviantirung des Ortes gedacht. Nun aber war alle Zufuhr abgeschnitten, und man mußte ernstlich an eine Aushülfe denken. Gleich nördlich von Iguaraffu auf der kleinen Insel Itamaraca war ebenfalls ein Flecken angelegt. Vom Meere umspült, von allen Seewinden kühlend durchweht, mit einem fruchtbaren Boden begnadet gehörte die Oertlichkeit von jeher zu Einer der reizendsten überseeischen Anlagen. Ein muthiges Wagen, um von Itamaraca Proviant zu holen, konnte Iguaraffu retten. Die Wilden hatten, um das zu verhindern, das Wasser von Iguaraffu auf alle Weise mit Baumstämmen und wirklichen Fallen verbarricabirt, welche sie mittelst langer Schlingpflanzen oder Cipos zum Zusammenschlagen und zum Zertrümmern der Barken, die etwa eine Durchfahrt wagen wollten, bereit hielten. Selbst Ebbe und Fluth war den Belagerten beim Fouragiren nach Itamaraca sehr hinderlich und höchst gefährlich. Ja, wenn wirklich achttausend Indianer daselbst lauerten, so schien die Expedition unmöglich. Und dennoch gelang sie den kühnen Lusitanen, bei denen Staden als ein guter Büchsenschütze sich befand. Iguaraffu ward verproviantirt. Und als nun die Wilden sahen, daß sie gegen die ungeheure Energie der wenigen Europäer selbst mit achttausend Mann nichts anfangen konnten, machten sie mit ihnen Frieden, nachdem die Belagerung einen Monat gedauert hatte und Viele von den Wilden gefallen waren.

Die muthigen Leute Pintados zogen nun wieder vergnügt nach Marin und Pernambuco, wo ihr großes Schiff unterdeß gewartet hatte. Sie nahmen Wasser und Mandiokamehl ein und schifften weiter, nachdem Duarte Coelho sich bei ihnen von Herzen bedankt hatte.

So war denn diese Episode aus dem Leben Stadens, seine Theilnahme an der Rettung von Iguarassu, höchst bemerkenswerth für die Kulturgeschichte Brasiliens. Ja, wir dürfen es uns nicht verhehlen, daß, wenn dort die Wilden gesiegt und Duarte Coelhos Kolonien zerstört hätten, die Samen der Gesittung in Brasilien erst viel später aufgelaufen sein würden.

Um Brasilienholz, jenes bekannte Färbeholz zu laden segelte Pintado „vierzig meilen von dannen zu einem Havingen, Buttugaris, genannt," wo er auch Victualien von den Wilden zu bekommen hoffte. Hier traf er ein stark armirtes französisches Schiff, welches widerrechtlich — denn der Handel mit Brasilien war portugiesisches Vorrecht, — Brasilholz lub. Pintado griff den Feind an; aber ein Kernschuß des Franzosen traf den großen Mast des Portugiesen; etliche Leute wurden getödtet, etliche verwundet, und das französische Schiff entkam.

Die Lage und der wirkliche Name des „Havingen Buttugaris" läßt sich nicht mit Bestimmtheit angeben. Möglicher Weise könnte es Porto Seguro sein, wogegen aber mancherlei spricht. Doch ist das auch ganz gleichgültig; denn nach den Unfall mit dem Franzosen, — die Meisten dieser französischen Flibustier kamen damals von Dieppe — entschloß sich Pintado, nach Portugal zurückzukehren.

Die Rückreise war eine höchst leidensvolle. Gleich anfangs hatte das Schiff widrige Winde und große Mühe, um nur vom Lande loszukommen. Dann hatte es durchweg Sturm unterwegs, und litt vor Allem an Proviantmangel. „Wir fuhren, — sagt Staden — mit so geringer victalia nach Portugal, lieben großen Hunger, etliche aßen bocks Heud, die wir im Schiff hatten. Man gab unser ieder einem des tags ein Nößelen wassers, und ein wenig Prasilianisch wurtzeln meel, waren 108 tag im Meer."

Da erreichten denn die Hartgeprüften am 12. August die „Losa Sores" die azorischen Inseln, wo sie einen Seeräuber trafen. Bei seinem Anblick erwachte den Lusitanen der alte Muth wieder. Trotz allen Hungers machten sie Jagd auf den Piraten, welcher auch bald genommen ward; die Besatzung entwischte in einem Boote. Am Bord der Prise war viel Brod und Wein zu großer Erquickung der Eroberer. — Bei den Azoren trafen sie fünf portugiesische Schiffe, die dort zum Schutz der aus Indien heimkehrenden Handelsfahrzeuge kreuzten. Einem solchen heimkehrenden Handelsschiffe konnten sie selbst zu Hülfe kommen, als es bei Terceira ankern wollte.

Vor Terceira hatten sich, um den afrikanischen Piraten die Spitze bieten zu können, gegen hundert Schiffe versammelt. Von jenen fünf portugiesischen Kriegsschiffen und von Pintado selbst begleitet segelte das stattliche Geschwader von hundert Schiffen, ein wahrhaft großartiger Anblick auf hoher See, fort von den Azoren, und so kehrte auch Staden am 8. October 1548 nach Lissabon zurück, nachdem diese erste Reise sechszehn Monate gedauert, und Staden „des Herrn werck erfahren hatte, und seine wunder im Meer," wie das ja sein Wunsch gewesen war.

Zweites Capitel.

Stadens zweite Reise und Schiffbruch.

Nun hätte unser hessischer Landsmann, der ja nur, nach seiner eigenen Aussage „Indiam zu besehen" ausgezogen war, ruhig nach Homberg zurückkehren können. Denn grade die Gegend des transatlantischen Indiens, die er besehen, der seltsame Hafen von Pernambuco, das so poetisch gelegene Marin oder Olinde, die Friedensinsel Itamaraca und das heimlich im Wald an seinem Flusse versteckte Iguarassu, bildeten ein volles, üppiges schönes Indien. Auch hatte er die Indianer in allen ihren Eigenthümlichkeiten kennen gelernt, hatte sich sogar im Kampf mit ihnen weiblich umher getummelt. Aber eben darum hatte das Wunderland unwiderstehliche Reize für unsern Landsmann. Und da er als ein rüstiger, für seine Zeit sehr gut erzogener Kriegsmann und Büchsenschütze, der schon an den Küsten von drei Welttheilen Salzwasser geschmeckt hatte, ungemein verwendbar war zu weiteren Seeunternehmungen, so beschloß er, statt nach Hessen zurückzukehren, noch einmal das Glück und vielfache Belehrung zur See aufzusuchen. Er ging von Lissabon mit einem englischen Schiff nach „Castilien, bei eine stabt Porta Sancta Maria" wo das Schiff Wein laden sollte, und von dort nach der „stabt Civilien genannt."

Sevilla, obwohl nicht am Meer gelegen, war damals noch vielmehr als heute ein höchst bedeutender maritimer Punkt. Wir brauchen, wenn wir uns seine Bedeutung klar machen wollen, nur daran zu erinnern, daß die erste aller Weltumsegelungen, die des Magelhaens, direct von Sevilla ausging. So fand denn Hans Staden auch dort sogleich „drey Schiff, wurden zugerüst, sollten nach einer landtschaft Rio de Platta genannt, fahren, gelegen in America, dieselbige landtschaft, und das Goltreiche landt Pirau genannt, welches von etlichen jaren funden ist worden, und Prasilien, ist alles ein fußfeste landt."

„Dasselbige landt fort einzunehmen waren vor etlichen jaren schiffe dahin geschickt, deren eins war wider kommen, begerten mehr hilff, sagten viel, wie Goltreich es sein solt. Der Hauptmann über die drey schiff, war genannt Dohn Diego de Senabrie, solt von wegen des Königs ein Oberster sein in der landtschaft. Ich begab mich in der Schiff eins, sie wurden sehr wol gerüst, wir fuhren von Civilien nach Sanct Lucas, da die Civilische resir ins Meer geht, daselbst lagen wir und warten auf guten windt."

Die Expedition des Don Diego de Senabria nach dem spanischen Südamerika und dessen Süden ist bekanntermaßen Eine der unglücklichsten die dorthin gemacht sind. Niemand hat unbefangener und einfacher die Leiden beschrieben, die sich an diese zunächst nach dem Rio de la Plata bestimmte Unternehmung angeknüpft haben, wie unser Hans Staden, wenn er natürlich auch nur von seinem Schiff und von sich selbst schreiben konnte.

Im Jahr 1549, vier Tage nach Ostern ging Senabria mit seinen drei armirten Schiffen in See. Widrige Winde nöthigten ihn gleich Anfangs in Lissabon einzulaufen, dann segelte er nach den kanarischen Inseln, wo die Schiffe vor Palma mit Wein versehen wurden. Hier ward von den Piloten der Flotte die Verabredung getroffen, daß Falls auf hoher See die Schiffe sich einander aus den Augen verlieren sollten, man sich auf 28° s. B. an der brasilianischen Küste wieder treffen wollte. Hiermit meinte man offenbar die herrliche Lagune, den prächtigen gegen alle Stürme geschützten Meeresarm, der zwischen der Insel von Santa Catharina und dem Festland sich hin erstreckt, und Einen der schönsten Ankerplätze bildet, welche man sich nur wünschen kann. Auch ist die Gegend leicht kenntlich und das Auffinden der Bucht ohne alle Schwierigkeit.

Von Palma ging man nach den kapverdischen Inseln. Und nun gerieth, nachdem Eins der Schiffe in Gefahr gewesen war zu scheitern, die Flotte so weit östlich, daß sie mehrere Male nach Guinea verschlagen wurde und die höchst ungesunde aber sehr fruchtbare Insel S. Thomé unter dem Aequator anlaufen mußte, wo frisches Wasser eingenommen wurde. Bald nach der Abreise von S. Thomé wurden die Schiffe in einem Sturm auseinander gejagt und litten viel Drangsal. Das Fahrzeug, auf dem sich Hans Staden befand, erreichte am 18. November den verabredeten Breitengrad (28° f. B.) und entdeckte am 24. November auf westlicher Fahrt das Festland. — „Waren VI Monat im Meer gewesen, stunden vielmals große gefahr" sagt unser wackerer Hesse über die Schreckensfahrt.

Wenn man nun bedenkt, daß schon Cabral 50 Jahre früher, als er mit einer Flotte von 13 Schiffen zur Ausbeutung Ostindiens von Portugal fortgesegelt war, auf ausdrückliche Weisung des großen Gama sich im atlantischen Ocean weit ab von Afrika hielt, und schon nach 44 Tagen Reise, ganz zufällig die brasilianische Küste bei Santa Cruz und Porto Seguro (etwa 17° f. Br.) entdeckte, so muß man sich gestehen, daß Senabria mit seinem östlichen Cours, sei es aus Unkunde, sei es aus Nachlässigkeit von vorn herein einen großen Fehler beging und das Verderben seiner Expedition vorbereitete. —

Als Stabens Schiff dem Lande nahe gekommen war, konnte man den Ankerplatz, wie er von den Piloten schon an der afrikanischen Küste beschrieben worden war, nicht entdecken. Als man hin und her kreuzend nach einem Hafen suchte, brach ein gewaltiger Sturm aus. Furchtbar brandete das Meer rings um das Schiff über Klippen und Sandbänke hin, und machte es dem Fahrzeug unmöglich, vom Lande fortzusteuern, und die offene See wieder zu gewinnen. Der Schiffbruch schien unvermeidlich.

Um nun denen, die sich aus solcher schrecklichen Katastrophe retten möchten, am Ufer Mittel zur Abwehr der Wilden zu gewähren, füllte man einige leere Fässer halb voll Pulver und Waffen, und verspundete sie sorgfältig. Diese sollten dann ans Ufer treiben und von den Geretteten in Empfang genommen werden. — Mit dieser ächt seemännischen Kaltblütigkeit sah man das Schiff immer näher in die Brandungen auf den Klippen hineintreiben. „Doch schickt es Gott, wie wir hart bey die Klippen kamen, ward unser gesellen einer eins Havingen gewar, da furen wir hinein. Daselbst sahen wir ein klein schifflein, das flohe vor uns, und fur hinter ein Insel, das wir es nicht sahen, und konnten nicht wissen was es für ein schiff were, aber wir folgten im nit weiter nach. Sondern ließen unsern ancker zugrnnde, preiseten Gott, das er uns auß dem ellend geholffen hatte, ruheten wir, und truckenten unsere kleider."

Kaum waren sie einige Stunden vor Anker gelegen, als ein Nachen mit Wilden zu ihnen herangerudert kam. Man konnte sich nicht verständigen; die Wilden erhielten einige Messer und Angelhaken, beide für alle Naturmenschen von unschätzbarem Werth, und entfernten sich wieder. Gegen Abend kamen sie wieder, brachten aber diesmal zwei Portugiesen mit, und nun konnte man sich besprechen.

Die Portugiesen begriffen nicht, wie die Spanier ohne einen sehr kundigen Lootsen die Einfahrt gefunden hatten, und meinten, sie selbst hätten bei solchem Sturmwetter und solcher brandenden See es nie gewagt, in den Hafen einzulaufen. Es war recht eigentlich Gottes Gnade, die den Schiffern auch hier geholfen hatte, und nochmals dankten die Leute dem Herrn für seine Barmherzigkeit.

Den Hafen nannten die Portugiesen „Suprawah". Er sollte ungefähr 18 Meilen von der Insel S. Vincente liegen, auf welcher diese Portugiesen wohnten. Das kleine Schiff war ihnen befreundet. Es hatte das spanische Schiff für einen großen Franzosen gehalten, für Eins jener Schiffe, die ohne alle Erlaubniß und förmlich wie Freibeuter mit den Wilden handelten und sie auf alle Weise gegen die Portugiesen aufhetzten. So hatten sich denn schon früh bei jenen Wilden zwei Nationalgegensätze herausgestellt, Portugiesen und Franzosen, zum großen Nachtheil für die kleinen portugiesischen, fortwährend von den Wilden bedrohten Niederlassungen und zum Schaden der Entwickelung von Kultur und Sitte auf jenen fernen, damals noch in vollster Brutalität ihrer Einwohner sich befindenden Küsten.

Die Wilden der Umgegend die „Tuppin Ikins" wie Staden sie schreibt, waren Freunde der Portugiesen, und die Angekommenen konnten ihnen trauen. Dagegen warnten die Portugiesen sie vor den südlicher wohnenden „Carios" in der Gegend der Insel Santa Catharina, welche 30 Meilen weiter südlich liegen sollte, und offenbar das nächste Reiseziel der verschlagenen Spanier war.

Auch die Portugiesen gaben die Breite von Suprawah auf 28° s. Br. an; das ist aber falsch. Wer jener Gegenden kundig ist, erkennt auf den ersten Blick, daß die Spanier in den Hafen von Paranagua eingelaufen waren, dessen nördlichste, unbequeme und gefährliche Einfahrt die Barre von

Superagui heißt, während die nächst dabei sich findende südlichere Einfahrt selbst für große Schiffe leicht zugänglich ist. Doch liegt die ganze Bucht von Paranagua, ein herrliches vielgliedriges Binnenwasser, in dessen Hintergrund das Gebirg in zauberhafter Schönheit kühn aufsteigt, und nur durch einen förmlichen Riß, einen Schlund (garganta) die Straße nach dem Oberland von Curityba durchläßt, zwischen dem 25 und 26° s. B. und keineswegs 28° s. B.

Kaum hatten sich Wind und Wetter gelegt, so lockte ein günstiger Nordost die kühnen Spanier wieder heraus aus dem Hafen von Superagui, um Santa Catharina aufzusuchen. Zwei Tage segelten sie vergebens umher. Dann aber konnten sie auch wegen dunkeln Wetters den Nothhafen von Superagui nicht wieder erkennen, der Wind verschlug sie südlich davon, und ihre Noth war sehr groß.

„Aber Gott ist ein nothelffer, — sagt Staden —, wie wir des abents gebet hilten, batten wir Gott umb Gnad, begab es sich, ehe denn es nacht wurd, das sich trübe wolken erhuben nach dem Suden, dahin uns der windt verstach, ehe wir das gebet vollendet hatten, wurde der Nordosten windt still, und wehete nicht das mans merken kundte, da fieng der Sudenwindt, der doch in der Zeit jares nit viel pflegt zu regieren, an zuwehen, mit einem solchen donner und fewr, das eim schrecken wardt, und das Meer war sehr ungestümb, dann der Sudenwindt gegen des Nordwinds bulgen wehete, war auch so finster, daß man nicht sehen kunte, und das große fewr und donner machete das volk zaghafftig, das kainer wußte, wo er zugreiffen solte, die siegel zuwenden. Auch meinten wir nicht anders, dann wir müsten die nacht alle ersauffen, so gab doch Gott, sich das wetter enderte und besserte, und wir siegelten dahin, da wir des tages herkommen waren, und suchten den Habingen vom newem, aber konnten in doch nicht erkennen, denn es waren viel Insulen bei dem fußfesten lande."

„Wie wir nun wider in 28 grabus kamen, sagt der Hauptmann zu dem Pilot, das wir hinder der Inseln eine führen, und ließen ein anker zu grund gehen, und sehen doch, was es für ein landt were. Da fuhren wir zwischen zweien landen hinein, daselbst war ein schöner Habingen in, da ließen wir den anker zugrund gehen, wurden sins mit dem botte außzufaren, den Habingen weiter zu erkunden."

Wohl gerüstet gingen nun die Spanier mit einem Boot tiefer in den aufgefundenen Hafen hinein, welcher, je weiter man in denselben hineinfuhr, sich desto länger ausdehnte, als ein herrliches, sicheres Hafenrevier. Anfangs hielten die Spanier den Hafen für die schöne Bucht von S. Francisco (ungefähr

26" s. B.) und wirklich paßt Stadens Beschreibung nicht übel auf jene lang hin in das Land sich erstreckende Bucht, in deren Hintergrund sich bekanntlich in neueren Zeiten die glückliche deutsche Kolonie Donna Francisca aufgebaut hat.

Nachdem sich die kühnen Abenteurer nach allen Seiten umgesehen, und selbst einige alte verlassene Hütten gefunden hatten, brachten sie die Nacht auf einer kleinen Insel zu. Sie machten ein Feuer an, hieben eine Palme um mit wohlschmeckenden Kernen, und blieben ungestört in ihrem einsamen Bivouac. Am nächsten Morgen setzten sie ihre Untersuchungen fort, und entdeckten zu ihrer Freude auf einer Klippe ein hölzernes Kreuz an dessen Fuß ein Faßboden befestigt war mit der spanischen Inschrift: Sollte hier zufällig die Flotte Ihrer Majestät ankommen, so thue sie einen Schuß um Weiteres zu erfahren.

So ward denn ein Schuß losgefeuert, und mit Vorsicht gewartet. Alsbald kamen fünf Nachen mit Wilden angerudert, deren bedrohliche Zahl Ursache ward, daß die Spanier in ihrem Boote sich zu einem Gefecht fertig machten. Zu ihrer Freude aber sahen sie, daß vorn im ersten Boot ein bekleideter Mann mit einem Baart stand, „und wir kanten ihnen, das er ein Christ war."

„Wie er nun so nahe kam, fragten wir inen, in was Landtschafft wir weren, sagte er: Ihr seit in den Havingen Schir mir ein, heißt so auf der wilden leut spraach, und sagte, das irs dessen versteht, so heissets S. Catharin Havingen, welchen namen im die geben haben, so sie erst erfunden. Da erfrewten wir uns, denn das war der Havingen so wir suchten, waren darin und wustens nicht, und kamen auch auff S. Catharinen tag daselbst hin. Hie höret ir, wie Gott denjenigen so in nöten sein, und inen mit ernst anruffen, hilffet, und sie errettet."

Somit war denn wirklich der rechte Ankerplatz gefunden, ein langer, herrlicher Seearm zwischen der Insel S. Catharina und dem Festland, welcher nördlich und südlich mittelst einer engen Einfahrt mit dem offenen Meer zusammenhängt, und welche seitdem gar vielen berühmten Marineexpeditionen z. B. Anson, Cook und Banks, Krusenstern u. s. w., zum Ankerplatz gedient hat. — Freilich ist der Name Schir mir ein, nicht mehr zu finden. Offenbar wollte Staden Jurumirim schreiben, juru in der Tupisprache: Mund, Mündung; — mirim klein, also: kleine Mündung, welches Wort, mag man nun von Norden oder Süden in die Lagune von S. Catharina einlaufen, wohl Jedem beim Ankommen daselbst entschlüpfen mag: Welche kleine Mündung für eine so herrliche Meereslagune! — *)

---

*) Der Name Jurumirim kommt auch sonst noch vor als Eigenname in der brasilianischen Geographie.

Nun erzählten auch die Spanier ihre Abenteuer und Zwecke, und wie sie ganz besonders auf die andern Schiffe der Expedition warteten. Da stellte es sich denn heraus, daß jener Mann „Johan Ferdinando, ein Buschkeyner aus der Stadt Bilka" vor drei Jahren bereits aus dem Laplatalande und „von der stette, die man nennet la Soncion", also aus Paraguay und dessen Hauptstadt Assumcion gekommen war mit dem Auftrage, die Carioindianer zu civilisiren und zum Anbau von Maniocwurzeln und anderen Victualien anzuhalten, um den etwa in S. Catharina anlaufenden spanischen Schiffen Nahrungsmittel abgeben zu können. Das Gelingen dieses kleinen Kulturversuches war bereits in Spanien bekannt geworden durch einen Schiffshauptmann Salajar, welcher sich jetzt auf einem der Schiffe Senabrias befand, und wohl Ursache geworden sein mochte, daß, „Schir mir ein", oder Jurumirim, S. Catharina, von dem auseinander gejagten Geschwader zum Sammelplatz bestimmt worden war.

Nach diesen wichtigen Entdeckungen und gegenseitigen Aufklärungen bat der Führer des spanischen Schiffsbootes, in welchem sich Staden befand, jenen Kolonisten, er möchte doch einen Nachen mit Indianern ausrüsten, damit sie Einen der Bootsmannschaft nach dem auf der größeren Rhede von S. Catharina ankernden Schiffe bringen und dort die gute Bot=

schaft verkündigen möchten. Grade dazu ward unser Hans Staden erwählt.

Die Bootsexpedition war bereits drei Nächte von dem großen Schiff abwesend gewesen, so daß man schon große Sorge um dieselbe hegte. Nun kam Hans Staden allein zurück gerudert in einem Nachen voll wilder Leute, und erzählt gar hübsch: "Wie ich nun mit dem Nachen auff einen armbrust schoß nahe bei das schiff kam, machten sie ein groß geschrey, und stelten sich zur wehr, und wolten nicht, daß ich mit dem Nachen neher keme, sondern rieffen mir zu, wie das zuginge, wo das ander volk bliebe, und wie ich so allein mit dem Nachen voll Wilden leut keme, und ich schwige stille und gab ihnen kein antwort, Dann der Capiten (des spanischen zurück= gebliebenen Bootes) befalhe mir, Ich solte trawrich sehen, zumercken, was die in dem Schiffe thun wol= ten. Wie ich inen nun nicht antwortet, rieffen sie untereinander, es ist nicht recht umb die sache, die andern müssen todt sein, und sie kommen mit diesem einem und sie vielleicht mehr hinderhalts haben, das Schiff also einzunemen, und wolten schießen. Doch rieffen sie mir noch ein mal zu, da fieng ich an zu lachen, und sagte, seit getrost, gute newe zeitunge, lasset mich neher kommen, so wil ich euch bericht geben. Darnach sagte ich ihnen, wie es umb die sach wehre, des erfreweten sie sich hochlich und die wilden fuhren mit ihren Nachen widerumb heim."

Nun lootste Staden das große Schiff tiefer in die Bucht von S. Catharina hinein bis zu den Wohnungen der Wilden. Man ging dort im sichern Hafen vor Anker, und wartete zunächst auf die andern Schiffe.

Das Dorf der Wilden hieß „Acuttia". Der Ort ist nicht mehr zu finden. Die Benennung ist Eine jener vielen, die von Thiernamen hergenommen sind, denn Cutia ist ein kleines brasilianisches Säugethier. In der Provinz S. Paulo liegt nicht fern von der Hauptstadt das Kirchdorf Cutia. Dieses Cutiathier, das Capivary (Wasserschwein), die Ante (Tapir), das Jacaré (Alligator), das Tatu (Gürtelthier), und wirklich jedes brasilianische Thier hat seinen Namen hergeben müssen, um einen Ort, einen Fluß, eine Höhe, eine Thalschlucht zu bezeichnen.

Nachdem man drei Wochen vor dem Indianerdorf Cutia vor Anker gelegen hatte, kam wirklich Eins der Schiffe des Senabria mit dem obersten Piloten der Expedition an. Das dritte blieb aus. Es ist mit Mann und Maus untergegangen. —

Man versah sich mit Victualien auf sechs Monate, um nach dem la Plata zu segeln. Als aber Alles in Ordnung war, sank Stadens Schiff mitten im Hafen; wahrscheinlich stieß es auf Einen der vielen Granitblöcke, welche dort in Menge unter dem Wasser liegen. Und nun war das letzte Schiff, auf dem sich auch der oben bemeldete Salasar als Kapitain befand, viel zu klein, um alle Spanier aufzunehmen.

So war die weitere Reise verhindert. Warum aber nicht ein Theil der Spanier sogleich mit dem letzten Schiff fortsegelte, um irgend von woher Hülfe zu schaffen, läßt sich nicht absehen. Vielleicht wollten sie sich nicht trennen, um nicht den Wilden zum Opfer zu fallen, denen man nie trauen konnte. So richteten sie sich denn am Ufer ein, und warteten ihr Schicksal ab.

„Wir lagen da zwey jar in großer gefar in der wiltnus, lieben großen hunger, mußten Eydexen und selb Ratten eßen, und andere selzame getier mehr, so wir bekomm konten, auch wasser schneln so an den steinen hangen, und dergleichen mehr seltzamer speise. Die wilden, so uns erstmals victalia genug zutrugen, wie sie wahr gnug von uns bekommen hatten, entzog uns der meiste hauff auff ander örter, dörfftrn ihnen auch nit wol vertrawen, so das es uns verdroß da zu liegen und umb zu kommen."

In dieser wirklich verzweifelten Lage faßten die unglücklichen Menschen einen verhängnißvollen Ent=

schluß. Die größte Hälfte verproviantirte sich, und brach von einigen Wilden begleitet und geleitet auf, um mitten durch die Wildniß „zur Provinz, die Sumption genannt" zu reisen. Wer aber jene Gegenden nur einigermaßen kennt, der wird es für unmöglich halten, daß solche Wanderung vom Meer nach Assumcion quer durch das Gebiet des Uruguay und Parana gelingen könne. — Staden selbst sagt „irer viel waren vor hunger gestorben, die übrigen waren zur stette kommen, wie wir darnach erfuhren." Wirklich ein Wunder Gottes ist es, daß doch Einige nach Paraguay hingelangten, in welchem Assumcion bekanntermaßen die Hauptstadt ist.

„Die andern sollten mit dem uberbliebenen schiff dahin kommen" fährt Staden fort. Aber es fand sich, daß das Schiff viel zu klein war, um mit zahlreichen Menschen eine weitere Reise zu machen. So mußte denn eine Anzahl in dem „Havingen Jabiassape", der nachher „Byassape" genannt wird, und offenbar Piassaba heißen soll, — Piassaba eine Palmenart, nach der ebenfalls viele Oertlichkeiten in Brasilien genannt worden sind —, zurückbleiben, während die Uebrigen unter der Führung des Kapitains Salasar suchen wollten, mit dem Schiff S. Vincente zu erreichen, welches „ungeferlich 70 meil wegs von dem orth ligt, da wir waren, da war unser meinung hin zufahren und zusehen, ob wir künten von den Portugalesen ein schiff zu erfrachten bekommen, in Rio de Plata zufaren. Unser keiner war mehr da gewesen, sondern einer der hieß Roman, derselbige ließ sich bedunken das landt widerzufinden.

Man segelte ab von „Jabiassape" und erreichte nach zwei Tagen eine „Insula de Alkatrases", bei welcher man zu Anker gehen mußte wegen widrigen Windes.

Die Alkatrases sind eine kleine Inselgruppe auf ungefähr 24° s. B. und führen ihren Namen nach den vielen Cormoranen (alcatrazes) und andern Seevögeln, die dort in Menge nisten. Von diesen Thieren, welche grade brüteten, fingen die Spanier eine große Menge und sammelten die Eier ein. Sie fanden „noch alte hütten und der wilden leut dopffscherben, die vor zeiten in der Insel gewonet hatten, und funden eine kleine wasserquellen auf einer klippen." Nun aber erhob sich ein großer Sturm. Kaum wollte der Anker das Schiff halten, und die Spanier fürchteten auf die Klippen geworfen zu werden. Die armen Menschen waren dicht bei der portugiesischen Niederlassung, welche sie aufsuchen wollten, und wußten es nicht. — Statt dessen brachen sie nach einem „Havingen, der heißet Caninen" auf.

„Aber ehe wir dahin kamen, war es nacht, und konten nicht darein kommen, sonder fuhren vom lanbe ab mit großer gefahr, meinten nicht anders benn die bulgen würden das schiff zu stücken schlagen, denn es war auf einem haupt landes, da doch die bulgen größer sein, dann mitten in der tieffe des Meers, weit vom lande."

Am Morgen hatten sie das Land außer Sicht verloren, und waren damit einer großen Gefahr entgangen. Denn der „Havingen Caninen" oder Cananea, eine der ältesten Niederlassungen, deren Gründungsstein heute noch am Ufer steht, ist im höchsten Grade gefährlich zum Anlaufen ohne einen kundigen Lootsen vom Ufer. Die See brandet sehr heftig auf den Untiefen, welche vor der eigenthümlichen Hafenbildung, einem wirklichen, etwa 14 Meilen langen Haf (mar pequeno genannt) sich hin erstrecken; und mit Recht heißt eine kleine Insel im Meer vor der Einfahrt die Ilha do bom abrigo, die Insel zur guten Zuflucht, denn sie bietet in Nöthen wenigstens einen Ankerplatz. — Nun erzählt Staden die Noth folgendermaßen weiter. „Nach langem kriegten wir das landt wiber in das gesicht, und der sturm war so groß, das wir uns neglich langer enthalten konnten, da ließ sich der Bedüncken, so mehr im land gewesen war, als er das landt sahe, es were Sanct Vincente, und fuhren hinzu, da wurb das landt mit nebel und wolcken bebeckt, das man es nicht wol erkennen konte. Musten alles, so wir hatten, das schwer war, ins Meer werffen, dadurch das Schiff leichter zu machen der großen bulgen halben, waren also in großer angst, furen hin, meinten den Havingen zu treffen, da die Portugaleser wonen. Aber wir irreten. — Wie nun die wolcken ein wenig auffbrachen, daß man das landt sehen konnte, sagte der Roman, er ließe sich bedunken der havinge were vor uns, das wir strackes einer klippen zu fuhren, da lage der havinge hinter. Wir fuhren hinbey als wir hart darbey kamen, sahen wir nichts dann den todt vor augen, dann es war der havingen nicht, und musten recht auffs land fahren des wints halken und schiffbruch leiden, die bulgen schlugen wider das landt das es ein grewel war, da baten wir Gott umb gnade und hülff unser seelen, und thaten wie schiffarenden leuten zugehört, die schiffbruch leiden müssen."

„Wie wir nun nahe kamen, da die bulgen ans landt schlugen, furen wir so hoch auff den bulgen her, das wir so stickel hinabsahen, gleich als von einer Mauer, den ersten Stoß, so das Schiff an das landt that, ging es von einander. Da sprungen etliche heraus und schwummen vorthan aus land, unser etliche kamen auff den stücken zu landt. Also halff uns Gott alle mit einander lebendig ans land, und es wehete und regnete so sehr, das wir gar verkollen waren."

„Als wir nun an landt kommen waren, danckten wir Gott das er uns lebendig hatte zu lande kommen lassen, und waren doch gleich wol auch betrübt, dann wir wusten nicht, wo wir sein mochten, dieweil der Roman das landt nit recht erkaute, ob wir weit oder nahe von der Insel S. Vincente waren. Oder ob auch Wilde leut da woneten, darvon wir schaden empfahen möchten."

Somit war auch das letzte Schiff von Senabrias Flottille untergegangen. Das Eine der drei Segel mit Senabria selbst war auf offenem Meer mit Mann und Maus verschwunden. Das zweite war in der Bucht von Santa Catharina gesunken, und ein großer Theil der dort mit der Besatzung des dritten Schiffes zusammen am Ufer bulbenden Mannschaft zu Lande nach Assumcion in Paraguay gewandert, wobei die Meisten unterwegs vor Hunger und Elend umkamen. Das dritte Schiff endlich mit Staden, war, nachdem man einen Theil der Leute im Hafen von „Byassape" zurückgelassen hatte, in der Nähe vom heutigen Santos ebenfalls gestrandet, und wir hatten wohl Recht, oben zu sagen, daß die Expedition des Senabria, wie wohl zugerüstet sie auch war, zu den allerunglücklichsten gehört hat, die im sechszehnten Jahrhundert von Europa nach Amerika geschickt worden sind.

Bevor wir uns nun weiter mit unserm Staben beschäftigen, müssen wir einen Blick werfen auf die portugiesische Niederlassung von „S. Vincente", nach welcher das letzte Schiff der unglücklichen spanischen Expedition hatte segeln wollen, um dort Hülfe und, wenn möglich, ein Schiff zu finden, mit dem man nach dem la Plata segeln und unterwegs die Schiffbrüchigen von Bhassape hätte mitnehmen können.

Drittes Capitel.

Stadens Aufenthalt in Buriquioca.

Ein königlicher Alvara vom 20. November 1530 hatte den Staatsrath Martin Affonso de Sousa zum „Governador da America Lusitana oder der Terras Brasilians" ernannt. Er reiste dorthin ab, landete beim Cap S. Agostinho, besuchte die Allerheiligenbai, den Hafen von Porto Seguro und die Bucht von Rhicteroi, in welche bereits Magelhaens am 13. December 1519, am Tage der heiligen Lucia eingelaufen war, und der Bucht den Namen dieser Heiligen gegeben hatte. Da Martin Affonso am 1. Januar 1531 in die Bucht der heiligen Lucia einlief, nannte er sie Rio de Janeiro, wie sie seitdem immer genannt wird, wenn auch ein Stadttheil oder ein Quai, auf dem das große Stadthospital liegt, noch heute die Praia da Santa Lucia heißt. Dort befindet sich auch eine kleine der Lucia geweihte Kirche.

Von dort weiter längs der Küste segelnd kam Martin Affonso nach einer Flußmündung, nach einer Bucht, welche eine gute Hafengelegenheit bot. Dort gründete er die Stadt S. Vicente, eine der ältesten brasilianischen Niederlassungen, deren Kolonisten vortrefflich gediehen. Wer genau die Karte ansieht, der entdeckt leicht, daß S. Vicente eigentlich auf einer Insel liegt. Es zieht sich nämlich östlich von dem Ort die Meeresküste etwas nördlich und dann sogar westlich, so daß ein tief eindringender Meerbusen entsteht. Von diesem zieht sich eine Mündung, ein Fluß südlich, so daß er ein Stück vom Festland abschneidet, und eine wirkliche Insel bildet, von den Wilden Orbionema genannt. Mitten vor der Mündung des Meerbusens selbst aber liegt eine andere Insel, S. Amaro genannt, so daß dieser Meerbusen, in dessen innerer Seite die heutige Stadt Santos liegt, drei Communicationswege zum offenen Meer hat, den **nordöstlichen** oder die Barre von Buriquioca oder wie sie heute heißt Bertioga, welche nicht mehr benutzt wird, — den **mittleren** oder die Barre do Meio, welche heute den Haupteingang bildet, und den **westlichen**, eben die Barre von S. Vicente, deren Fluß heute auf seinem oberen Ende von der Eisenbahn nach S. Paulo überbaut und demnach garnicht mehr zu befahren ist. — Westlich von diesem Arm von S. Vicente entstand sehr bald eine zweite kleine Stadt, Itanhaem, kaum zwei Meilen von S. Vicente, während am nördlichsten Arme des Meerbusens eine Art von Fort, von Blockhaus gegründet ward, das Fort von Buriquioca (Buriqui, eine Art Affe, — oca, Haus), welches im Leben unsers Staden eine ernste Rolle spielen sollte, und dessen ganze Entstehung und Entwickelung genau von ihm beschrieben wird.

Als die Spanier eben gestrandet waren, erzählt Staden, „so laufet ungeferlich unser mitgesellen einer mit namen Claudio (der war ein Frantzoß) auff dem Ufer hin, das er sich erwermen möchte, und sihet ein Dorff hinterm gehöltze, darinn waren die Heuser gemacht auff der Christen masse, und er ging dahin, da war es ein Flecke, darin wonen Portugaleser, und heißet mit Namen Itenge Ehm (Itanhaem) und ist zwo meil von S. Vincente. Da sagte er inen, wie wir da hetten einen schiffbruch gelitten, und das volck war sehr erfroren, und wusten nicht, wo wir hin solten. Wie sie das höreten, kamen sie herausgelauffen, und namen uns mit inen in ire Heuser, und bekleideten uns. Daselb blieben wir etliche tage biß wir wider zu uns selbs kamen. Von dannen reiseten wir uber landt nach S. Vincente. Daselbst thatten uns die Portugaleser alle ehr an, und gaben uns eine zeitlang die kost. Darnach fieng ein ieder etwas an, das er sich davon enthielt. Wie wir da sahen, das wir alle unsere schiff verloren hatten, schickte der Hauptmann ein Portugalesisch schiff nach unserm andern volcke, welches zurucke blieben war in Byasape, dieselbigen auch dahin zubringen, wie es denn auch geschahe."

Aus der nun folgenden Beschreibung der Localitäten durch Staden sehen wir eine erfreuliche Entwickelung der kleinen Kolonie. Selbst Zuckermühlen gab es schon auf der Insel von Orbionema oder Morpion, auf der S. Vicente lag. Auf der andern Seite aber bedrohten die Wilden fortwährend den so glücklich beginnenden Kulturpunkt, und machten den Aufenthalt in demselben höchst spannend und unangenehm.

Die Portugiesen hatten den Indianerstamm der „Tuppin Ikin" zu Freunden. Diese Tupinikin bewohnten die nächste Umgegend der Kolonie. Südlich von diesen aber wohnten die „Carios", entweder die Carijos oder Coroados, nördlich davon die „Tuppin Imba", welche Tupinambá's mit den Carijos die Portugiesen auf alle Weise anfeindeten und gefährdeten.

Besonders suchten diese Tupinambas von Norden her durch die Einfahrt von „Brikioka", welche wir als Barre von Buriquioca schon kennen gelernt haben, Ueberfälle mit ihren zahlreichen und wohlbe=

waffneten Nachen zu machen, und es kam Alles
darauf an, ihnen diese Fahrt durch den nördlichen
Arm der Bucht absolut zu wehren.

„Dieselbige fart den Wilden zu benemen, waren
etliche Mammelucken gebrüder, ihr vatter war ein
Portugaleser, und ire mutter war eine Prasilianische
fraw, dieselbigen waren Christen, geschickt und erfaren,
beide in der Christen und auch in der Wilden leut
anschlegen und spraach. Der eltest hieß Johan de
Praga. der ander Diego de Praga, der britt
Domingus de Praga, der vierdte Francisco de Praga,
der fünffte Andreas de praga, und ir vatter hieß
Diago de praga."

„Die fünff brüder hatten fürgenommen, unge=
ferlich vorzweyen jaren, ehe ich dahin kam, mit noch
Wilden leuten, so ire Freunde waren, daselbs eine
Festunge hin zu machen, gegen die Feinde auff
der Wilden leut gebrauch, welches sie auch gethan
hatten."

„Derhalben auch etliche Portugaleser, dahin zu
ihnen gezogen, daselbs zu wonen, dieweil es ein fein
land war, solchs hatten ire Feinde verspeiet die
Tubin Imba, und sich in irem lande gerüstet, welche
ungeferlich 25 meil darvon anfahet, und waren eine
Nacht da ankommen, mit 70 Nachen und hatten sie,
wie ir gebrauch ist, in der stunde vor tage, ange=
fallen, und die Mamelucken sampt den Portugalesern,

waren in ein Hauß gelaufen, welches sie von erden gemacht und sich geweret. Die andern wilden leut aber hatten sich in iren Hütten zu hauff gehalten und sich geweret, dieweil sie gekont hatten. So das der Feinde viel waren todt blieben. Doch zum letzten hatten die Feinde uberhandt kriegen, und den flecken Brikioka angesteckt, und die wilden alle gefangen, aber den Christen welcher ungeferlich 8 mochten gewesen sein, und den Mammalucken hatte sie nichts thun können in dem Hause. Denn Gott wolte sie bewaren. Aber die anderen wilden, so sie da gefangen hatten, sie sobald von einander geschnitten und getheilet, und darnach widerumb in ire landtschaft gezogen. Darnach daucht es die Obersten und gemeinen gut sein, das man denselbigen ort nit verließe, sondern bawete auffs sterckeste. Dieweil man daselbs das gantze landt vertheidigen konte, solchs hatten sie gethan."

„Wie nun die Feinde solches vermerkten, das flecklin Brikioka ihnen zu starck war anzufallen, fuhren sie die nacht gleichwohl vor den flecken über, zu wasser, und namen zur beut, wenn sie bekommen konten umb S. Vincente her. Dann die inwendig im landt woneten, meinten sie hetten kein not, dieweil der flecken da in der gegenheit auffgerichtet und befestiget war, und darüber libben sie schaden."

„Darnach bedauchte die inwoner, sie wolten in die Insel Sanct Maro, welches hart gegen Brikioka uber ist, auch ein Hauß hart auff das wasser bawen, darein geschützt und leut thun, solche fart der Wilben zuverhindern. So hetten sie nun ein Bolwerck in der Insel angefangen, doch nicht geendet, ursach, wie sie mich berichten, das mal kein Portugaleser büchsen schütz sich darein wagen wolte."

„Ich war da den ort landes zu besehen. Wie die inwoner nun höreten, das ich ein Teutscher war, und mich ettwas auffs geschütz verstund, begerten sie von mir, ob ich wölte in dem Hause in der Inseln sein, und da der Feinde helffen warten, sie wölten mir mehr gesellen verschaffen, und mir eine gute besoldung geben. Auch sagten sie, wo ichs thette, Ich solte es gegen dem Könige genießen, Dann der König pflegte sonderlich denen, so in solchen newen landen hülffe und rath geben, ir gnediger Herr zusein."

„Ich warb mit inen eins, das ich vier Monat in dem Hauß dienen solt. Darnach würde ein Oberster von des Königs wegen da ankomen mit schiffen, und ein steinen blochhauß dahin machen, welches dann stercker sein würde, wie auch geschahe. Die meiste zeit war ich in dem blochhauß selb britte, hatte etlich geschütz bey mir, war in großer gefahr, der Wilden halben, benn das Hauß nit fest war, musten auch fleißig wacht halten, denn sie sich etliche mal versuchten, iedoch halff uns Gott, das wir irer gewar worden in der wachte."

„Ungeferlich nach etlichen Monaten kam der Oberste von des Königs wegen, dann die gemeine hatte dem Könige geschrieben wie großen ubermut die Feinde dem Ort Landes theten vonn derselbigen seiten her. Auch wie ein schönes landt es were, nicht nützlich solches zuverlassen. Das zuverbessern kam der Oberste Tome de Susse genant, und besahe den ort lands, und die stette, so die gemeine gern feste gemacht hette."

„Da zeigte die gemeine dem obersten an den Dienste, so ich inen gethan hette, mich da in das Haus begeben. Da sonst kein Portugaleser in wolte, dann es ubel befestiget war. Dasselbige behagte im wol, und sagte er wölte mein sach beim Könige antragen, wann ihm Gott wider in Portugal hülffe, und ich sollts genießen."

„Meine zeit, so ich der Gemeine hatte zugesagt zu dienen, war umb, nemlich 4 Monat, und ich begerte urlaub. Aber der Oberste, mit sampt der gemeine, begerten, das ich noch wölte ein zeitlang im Dienste bleiben. Darauff ich inen das ja gab, noch zwey jar zu dienen, und wann die zeit umb were, solte man mich sonder einiges verhindern, mit den ersten schiffen, darinn ich kommen konnte lassen nach Portugal siegeln, da solte mir mein dienst vergolten werden. Des gab mir der Oberste von wegen des Königs meine privilegia, wie da gebräuchlich ist zugeben des Königs büchsenschützen, so es begeren. Sie machten das steinen bolwerck, und legten etlich stück geschützes drein, und das bolwerck sampt dem geschütz wurd mir befolhen gute wacht und auffsehens drein zu haben."

So war denn unser Staden, der nur „Indiam zu besehen" ausgezogen war, in Folge seines Schiffbruches Kommandant der kleinen Festung von Buriquioca, welche noch heutigen Tages unter dem Namen Vertioga bekannt ist, geworden. Thomé de Sousa selbst, der Generalgouverneur von Brasilien, hatte ihn dazu ernannt.

Thomé de Sousa, der Sohn eines portugiesischen Edelmanns, hatte sich schon in Indien ausgezeichnet, und sich das volle Vertrauen des Königs Don Juan III. erworben, der ihn mit den weitesten Vollmachten und einem ausgedehnten Regierungs- und Kirchenpersonal versehen am 2. Februar 1549 mit sechs Schiffen nebst 300 Soldaten, 400 Deportirten und ungefähr 300 Kolonisten von Lissabon fortschickte. Zunächst sollte er nach der Allerheiligen Bai segeln und dort die Stadt Bahia anlegen, zu welcher Mission er am 29. März ankam, und sie zur Ausführung brachte; es entstand die Cidade do S. Salvador da Bahia de Todos os Santos. Auf einer weiteren Reise zur Kenntnißnahme des Kulturzustandes in den südlichen Kolonien traf Thomé be Sousa auch in S. Vicente ein, und gründete dort das steinerne Bollwerk von Brikioka, in welchem Staden hausen sollte.

Damit hatte Staden aber einen schweren Stand. Denn wenn auch die Portugiesen einige Anhänger unter den Wilden hatten, wie z. B. den Stamm der Tupinikin, so hatten sie auch, wie schon angedeutet ist, viele und mächtige Feinde, welche unter angesehenen Führern — Morubixabas — standen, und namentlich vom Norden her drohten.

Die ganze Gegend aber vom Cap Frio und von der Parahyba an bis südlich von S. Vicente stand mit allen ihren Morubixabas unter einem furchtbaren Morubixaba — açu, einem Oberchef, der sich in der Entwickelungsgeschichte der portugiesischen Kolonien zu beiden Seiten des südlichen Wendekreises einen bleibenden Namen erworben hat, Cunhambebé genannt (cunhâ Weib, bebê davon fliegen, — also etwa: Weiberräuber), welcher, wie der geistvolle und gelehrte Geschichtsschreiber Varnhagen*) erzählt, sich rühmte, von etwa zehntausend Feinden,

---

*) Historia geral do Brazil. — Rio de Janeiro bei Lämmert 1854. B. I. S. 226.

zu deren Erschlagung er beigetragen, das Fleisch geschmeckt zu haben. Mit seinen bewaffneten Nachen brach er in die Ansiebelungen von S. Vicente ein, fürchtete sich nicht mehr vor der europäischen Artillerie, und griff selbst auf dem Meer Schiffe an, wenn er sie ohne große Bewaffnung glaubte! Ja, er soll selbst zwei Falconets den Portugiesen abgenommen, sie mit sich herum getragen und zum Angriff verwandt haben. Er war ein hoher Mensch von starken Gliedmaßen und gräulichem Ansehen. In der Unterlippe trug er, nach Art der Botocuden einen Holzpflock, und Schmuckgehänge in den Ohren, — um den Hals eine Doppelkette von Meerschneckengehäusen, vorn mit einer großen Muschel. Seine Gesichtszüge waren grob und groß, und seine Stirnrunzeln nebst dem gefurchten Gesicht verriethen die Gefahren, denen er sich in seinem Leben ausgesetzt hatte; — er sah schwermüthig und wild aus. In der Gefahr immer voran verlangte er von seinen Leuten und von seinen Unterchefs blinden Gehorsam! Doch genug von ihm an dieser Stelle! Weiter unten treffen wir den gräßlichen Kanibalen mitten in seinem Menschenfresserdasein. —

So war Staden auf seinem Vorposten in einer beständigen Gefahr; aber er hatte einen ehrenvollen Vorpostendienst; denn es galt eine aufblühende Kolonie zu bewachen, welche für die ganze brasilianische

Kultur von hoher Bedeutung geworden ist. Die kleine Kapitanie des Martin Affonso zählte bald über 600 Kolonisten und hatte 6 Zuckerwercke mit vielen afrikanischen Sclaven, das größte davon Enguaguaçu genannt, Stadens: Uwawa supe, an dessen Stelle bald die Stadt Santos entstand. — Die kleinen Ortschaften Itanhaem, Piratininga, Peruibe entwickelten sich unter dem Schutz der Kanonen von Brikioka und der muthigen Führung des deutschen Kommandanten, der nach abgelaufener Dienstzeit sich einer glänzenden Zukunft in Portugal zu erfreuen gehabt haben würde.

Aber der Mensch denkt und Gott lenkt. Das sollte auch Staden in einer wirklich furchtbaren Weise erfahren.

Zweimal im Jahr hatte man, wie der tapfere Hesse selbst schreibt, in Brikioka besonders auf den Besuch der Kanibalen zu rechnen, im August und im November. Im August ziehen gewisse Küstenfische in den Binnenwässern stromaufwärts um zu laichen, wo sie denn in den engeren Buchten und Flüssen leicht mit Pfeilen oder Angeln gefangen werden. Diesen Fischen ziehen die Wilden dann nach, um Jagd auf sie zu machen. Sie pflegen sie zu trocknen oder zu braten (pira — caém ein Backfisch), und so aufzuheben. Oder sie pulverisiren sie zu einem groben Mehl, welches sich lange hält, wie das die brasilianische Wilden überhaupt gern mit ihren Jagdproducten thun, z. B. mit dem Tapirfleisch, welches gut durchgesalzen und dann vollkommen gedörrt zu Pulver gestoßen wird, und ein sehr wohlschmeckendes Essen liefert.

Im November pflegten die Kanibalen ebenfalls einen Einfall zu machen. Dann reiften die Abati, der Mais, welchen sie besonders gern von den Pflanzungen raubten, um aus ihm und der Mandiocawurzel ihr Getränk Kaa=wy oder Kascheri zu bereiten, welches sie beim Fressen ihrer Feinde zu trinken pflegten. Die herannahende Zeit der Abaternte rief immer auch eine Kriegsbewegung bei ihnen hervor. Um Menschenfleisch mit Maisbranntwein genießen zu können plünderten sie die Felder; um mit dem Maisbranntwein Menschenfleisch fressen zu können, begannen sie Krieg, — das wußte Staden, und doch ließ er sich fangen von der gräßlichen Horde.

Viertes Capitel.

„Aus tiefer Noth schrei ich zu dir!"

„Es begab sich aber auff ein zeit — meldet uns Staden — das ein Hispanier auß der Insel Sancte Vincente zu mir kam in die Insel Sancte Maro, welchs 5 meil von bannen ist, in das bolwerck, darinnen ich wonete, und noch ein Teutscher, hieß mit namen Helioborus Hessus, Eobani Hessi seligen Son, derselbige war in der Insel Sanct Vincente, in einem Ingenio, in welchem man den zucker machet, und das Ingenio war einem Genueser der hieß Josepe Ornio, und dieser Helioborus war der kauffleut schreiber und außrichter, die zu dem Ingenio gehöreten (Ingenio heißet Heuser darinne man zucker macht). Mit demselben Helioboro hatte ich zuvor mehr kuntschafft gehabt, dann doch ich mit den Hispaniern den schiffbruch da unter lande leid, inen da in der Insel Sancte Vincente fand, und er mir Freundtschafft bewiese, Er kam zu mir, wolte sehen, wie mirs gieng, dann hatte er vielleicht gehort, ich were kranck."

„Ich hatte meinen Schlaven den tag zuvor in den walt geschickt Wild zufahen. Ich wolte des andern tages kommen, und es holen, das wir möchten etwas zu essen haben, dann man da im landt nicht viel mehr hat, dann was auß der wiltnus kompt."

„Wie ich nun so durch den wald gieng, erhub sich auff beyden seiten des wegs ein groß geschrey auff der wilden leut gebrauch, und kamen zu mir ingelauffen, da erkante ich sie, und sie hatten mich alle rund umb her bezirckt und ire bogen auff mich mit pfeilen gehalten, schossen zu mir ein. Da rufft ich, nun helff Gott meiner Seelen. Ich hatte das wort kaum so bald außgesagt, sie schlugen mich zur erden, schossen und stachen auff mich, Noch verwundeten sie mich (Gott lob) nicht mehr, dann in ein bein, und rissen mir die kleider vom leib, Der eine die halß kappen, der ander den hut, der dritte das hembt, und so fort an. Fiengen da an und kieben sich umb mich, der eine sagt er were der erste bei mir gewesen, der ander sagte er hette mich gefangen. Dieweil schlugen mich die andern mit den handtbogen. Doch zum letzten huben mich zwen auff von der erden, da ich so nacket war, der eine name mich bey einem arm, der ander bey dem anderen, und etlich hinter mich, und etliche vor mir her, und lieffen so schwinde mit mir durch den waldt nach dem Meer zu, da sie ire nachen hatten. Wie sie mich bey das Meer brachten, da sahe ich ungeferlich einen steinwurff oder zwen weit ire nachen stehen, die hatten sie auß dem Meer ans landt gezogen unter eim hecken, und irer noch einen grossen hauffen da bey. Wie mich dieselbigen sahen daher leyten, lieffen sie mir alle entgegen, waren gezieret mit Feddern auff ihren gebrauch, und bissen in ire arme, und breweten mir, also wölten sie mich essen. Und es gieng ein König vor mir her, mit dem holtze, damit sie die gefangenen todt schlagen, Der predigte und sagte, wie sie mich iren schlaben den perot (so heyssen sie die Portugaleser) gefangen hetten, und wölten nun irer Freunde todt wol an mir rechen. Und wie sie mich bey die Nachen brachten, schlugen mich ire etliche mit feusten. Da eilten sie unter einander, das sie die nachen wider ins wasser schoben, dann ihnen leyd war, das in Brickioka ein Allarm würde, wie auch geschah."

"Ehe sie nun die Nachen wieder ins wasser brachten, bunden sie mir die hende zusamen, und sie waren nicht alle auß einer wonunge, ein ieden Aldea verdroß, das sie solten ledig heim faren und fieben mit den beyden, so mich behielten, etliche sagten, sie weren eben so nahe bey mir gewesen, als sie, und sie wolten auch ir theil von mir haben, und wolten mich da auff der stedte gleich todt schlagen."

„Da stund ich und betete, sahe mich umb nach dem schlage, doch zum letzten hub der König an, so mich behalten wolte, und sagte, sie wolten mich lebendig heimführen, auff daz mich auch ire weiber lebendig sehen, und ire Fest mit mir hetten. Dann so wolten sie mich Kawewi pepicke töten, Das ist, sie wolten gebrencke machen und sich versamlen, ein Fest zu machen, und mich dann mit einander essen. Bei den worten ließen sics bleiben und bunden mir 4 Stricke umb den hals, und muste in ein Nachen steigen, dieweil sie noch auff dem lande stunden, und bunden die ende der stricke an den Nachen und schoben sie ins Meer wiederumb heim zufahren."

So war Staden ein verlorener Mann. Nur Gottes unmittelbare Dazwischenkunft hätte ihn retten können aus den Klauen der Kanibalen, welche ganz besonders gegen alle Portugiesen als Eindringlinge in das Land erbittert waren, während sich die französischen Flibustier, als Feinde der Portugiesen mit ihnen ganz leiblich zurecht fanden, handelten, und in einzelnen Exemplaren selbst unter ihnen lebten, aber nur, um sie noch mehr gegen die Portugiesen aufzuhetzen.

Aber doch war ein doppeltes Glück bei dem Ueberfall Stadens, — das erste, daß er überhaupt die Tupisprache der Wilden bei seinem langen Aufenthalt im Lande kennen gelernt hatte, und sich mit den Kanibalen verständigen konnte, — das andere, daß seine Gefangennahme gesehen worden war. Ein Sklave aus Brikioka war in der Nähe Stadens gewesen und hatte sich durch die Flucht gerettet. Dieser machte Lärm im Fort, und Alles griff zu den Waffen, die Tupinikin und Portugiesen. Ganz nach Art jener Wilden rief man mit beleidigendem Schimpfen die Räuber zum Kampfe zurück, und wirklich näherten sie sich dem Ufer wieder. Es begann ein Gefecht. Vom Ufer schoß man mit Pfeilen und Flinten, aber auch von den Nachen der Tupinambas ward geschossen. Der König hatte sogar ein „rohr und ein wenig pulvers, welches inn ein Franzose für brasilien holtze gegeben hatte," das mußte Staden, dem man dazu die Hände losband, auf seine eigenen Freunde am Ufer losdrücken, gewiß ohne zu treffen. — Nachdem bei diesem Scharmützel drei Wilde in den Nachen gefallen waren, fürchteten die Kanibalen, es möchten auch vom Lande her Boote mit Bewaffneten flott gemacht werden. Sie suchten sich also davon zu machen und unter den Kanonen von Brikioka hindurch zu entkommen. — Von dort feuerte man einige scharfe Schüsse ab ohne zu treffen. Noch einmal sah Staden seine Festung; noch einmal sahen ihn seine Genossen im Nachen aufstehen, — hinaus aufs Meer fuhren dann die Tupinambas mit ihrem Raube. Etliche Nachen von Brikioka setzten ihnen nach; aber die Räuber waren schneller als die Verfolger; auch durfte man das Fort nicht allzusehr verlassen. Als Stadens Freunde sahen, daß sie doch nichts ausrichten konnten, kehrten sie zurück nach Brikioka, und mußten Staden seinem schrecklichen Schicksal überlassen.

Den ganzen Tag ruderten die Wilden längs der Küste nach Nordosten bis gegen Sonnenuntergang. Dann legten sie auf einer Insel an, um dort zu übernachten, und zogen ihre Nachen auf das Ufer. Auch Staden ward ans Land geschleppt. Er konnte nicht sehen; sein Gesicht war ihm von den Wilden zerschlagen und nun geschwollen. Auch gehen konnte er nicht wegen seiner Beinwunde. So lag er im Sande, ein elender Mensch, — und die Wilden um ihn her, welche sich anschickten, ihn zu schlachten und zu essen.

„Wie ich nun in so grosser angst und jamer war, bedachte das ich vor nie betrachtet, nemlich der betrübte jamerthal, darinn wir hie leben, und ich fieng an mit weynenden augen singen auß grund meines herzens den Pfalmen: Auß tieffer noth schrey ich zu Dir etc."

„Da sagten die wilden: Sihe, wie schreiet er, iezt jamert in."

Aber sie schlachteten ihn nicht, sondern fuhren allesamt nach dem festen Lande hinüber, wo sie leere Hütten stehen hatten. Für die Nacht machten sie ein Feuer an, legten Hans Staden in eine „Inni", eine Hängematte, die sie zwischen zwei Bäumen ausspannten, schalten ihn gebundenes Thier, und lagerten sich um ihn, damit er nicht entwischen möchte, was ohnehin bei seinem Zustand und in solcher Gegend unmöglich war.

Am folgenden Tage brachen sie schon vor Sonnenaufgang auf, um ihre Wohnungen noch am Abend zu erreichen. Ununterbrochen ward gerudert, Da stieg ein schwarzes Unwetter auf, welches den Wilden Angst machte. Sie suchten schnell das Land zu gewinnen. Als sie aber sahen, daß sie vom Wetter überfallen werden würden, riefen sie Staden zu: Rede mit deinem Gott, daß uns der große Regen und Wind keinen Schaden thue. — Staden schwieg. Da sie aber in ihn brangen, betete er zu Gott:

„O du Allmechtiger Gott, du Himmlischer und Erdtrichs gewalthaber, der du von anbegin denen, die deinen namen anruffen, geholffen, und sie erhöret hast, unter den Gottlosen, erzeige mir deine barmhertzigkeit, auff das ich erkennen möge, das du noch bey mir seiest, und die Wilden Heyden, so dich nich kennen, sehen mögen, das du mein Gott mein gebet erhöreft hast."

Bald darauf sagten wirklich die Wilden, welche sich nach den Wetter umsahen: Das große Wetter verzieht sich! Staden aber dankte Gott, als er sein Gebet erhört sah, und das Wetter wieder rein und klar ward.

Noch eine Nacht blieben sie unterwegs, bevor sie nach ihrer Aldea, ihrem Indianerdorf kamen. Das Lager ward in derselben Weise zubereitet wie die Nacht vorher. Als Abendunterhaltung erzählten die Kanibalen ihren Gefangenen, daß sie nun nahe bei ihrer Gegend wären, und sie am folgenden Abend erreichen würden, — „welches ich mich gar wenig frewete" — setzt Staden hinzu, und mit Recht; denn Staden ward nur, um gemeinsam von ihnen und ihren Weibern gefressen zu werden, dahin gebracht.

Wirklich erreichten sie am Abend des dritten Tages von Stadens Gefangennehmung nach einer Fahrt von 30 Meilen — nach Stadens Schätzung —, ein Dörfchen, eine Aldea von sieben Hütten, was Staden Uwattibi nennt, aus welchem das heutige Städtchen Ubatuba, ziemlich in der Mitte zwischen Rio de Janeiro und Santos gelegen an einer reizenden Meeresbucht entstanden ist.

Als die Nachen anlegten, mußte Staden den in den Mandiocapflanzungen beschäftigten Weibern zurufen: Hier komme ich, um von Euch gefressen zu werden. — Da lief Jung und Alt herbei, und umringten den Gefangenen um ihn zu besehen. Besonders nahmen die Weiber, während die Männer mit ihren Waffen in die Hütten gingen, den unglücklichen Staden zwischen sich, umtanzten ihn mit wildem Schreien und den brutalen Gesängen, welche sie anstimmen, wenn sie einen Feind schlachten wollen. Vor ihm her und hinter ihm drein sprangen sie, als sie ihn in das von einem Bambusrohrzaum wie von einer Fortification umgebene und auf einer Erhöhung gelegene Dorf führten. Dabei schlugen sie ihn mit Fäusten, rauften ihn am Bart, und heulten ihm bei jedem Schlag vor, für Wen er solchen Schlag empfinge als Rache und Strafe, — kurz, sie boten ganz das kanibalische Bild jener Thierheit, in welcher noch heutigen Tages die Botokuden und andere brasilianische Indianerstämme leben, ihre Feinde erschlagen, braten und halb roh verzehren.

Unter allen nur denkbaren Mißhandlungen legten sie den Verwundeten in eine Hängematte, während die Männer in ihrer gemeinsamen Hütte brüllten und Kaawy tranken und mit ihren Tamarakas, hohlen Kalebassen, in denen Steine liegen, und welche zum Wahrsagen dienen, klapperten, und bei diesen Orgien behaupteten, die Tamarakas hätten es ihnen vorhergesagt, daß sie bald einen Portugiesen fangen würden.

„Jetzund rüsten sie zu, dich zu tödten," sagte sich Staden, als er das Alles hörte und sah. Und wirklich traten die beiden, die ihn zuerst ergriffen hatten „der große Jeppipo und der kleine Alkindar", zwei Brüder, an seine Hängematte. — Aber sie sagten ihm nur, daß sie ihn an ihren Vatersbruder den Jpperu Wasu (Iperu Haifisch, açu groß) geschenkt hätten, der ihn dann, wenn es ihm gut dünkte, erschlagen würde, um sich dadurch einen Beinamen mehr geben zu können. —

Auch die Brutalität bei den Menschenfressern von Ubatuba hatte ihre Etikette. Wenn ein Mann einen gefangenen Feind mit dem Coibaru oder Tackapema, der eigens zu solcher Schlachterei zubereiteten Keule, niederschlug und er das recht geschickt machte, so durfte er sich darnach einen Namen beilegen, etwa wie unsere Generale nach größeren Schlachten benannt werden. —

Nun hatte der „große Haifisch" seinem Neffen, dem „kleinen Alkindar," vor einem Jahr einen Gefangenen zum Schlachten geschenkt, wodurch sich dann der Aikindar einen Namen beilegen durfte. Diese Courtoisie erwiederten die Neffen jetzt gegen den Oheim; den ersten Feind, den sie zum Gefangenen machten, unsern Staden, schenkten sie an den „großen Haifisch", damit er diesen erschlagen und sich dadurch einen Namen zulegen dürfte. —

Ferner kündeten die beiden Kanibalenbrüder den Gefangenen an, daß die Weiber ihn sogleich zum „Aprasse" hinausführen würden, zur poraceia, zum Tanz vor der Abschlachtung, ein schauriges Verfahren, was sie mit jeden gefangenen Feind, den sie erschlagen wollten, begannen. Es kamen alle Weiber der sieben Hütten zusammen, und schleppten Staden an den Stricken die er um den Hals und Körper hatte hinaus ins Freie. So furchtbar zerrten und mißhandelten sie ihn, daß er kaum athmen konnte. Er aber „wurd ingedenck des leidens unsers Erlösers Jesu Christe, wie der von den schnöden Jüden unschuldig leyd". Dadurch tröstete er sich und ward geduldig.

Und sie schleppten ihn vor die Hütte des Königs, der hieß Vratinge Wasu „das ist auff Teutsch gesagt, der große weisse vogel". (Uru Vogel, tinga weiß, açu groß). Vor dessen Hütte hatten sie einen Haufen frischer Erde aufgeworfen. Darauf setzten sie ihn. Etliche hielten ihn fest, und er glaubte nicht anders, als daß sie ihn nun todtschlagen würden. Aber vergebens sah er sich nach dem „Jwera Pemme" um, womit sie solche Opfer rücklings erschlagen. Als er sie fragte, ob sie ihn jetzt erschlagen würden, antworteten sie: Noch nicht. Vielmehr kam eine Frau aus dem Haufen und schabte ihm mit einem eingefaßten Stück Quarz die Augenbrauen ab. Als sie ihm auch den Bart abschaben wollte, verbat er sich das, und verlangte, man sollte ihn nur mit dem Bart todtschlagen. So ließen sie denn dem tapferen Soldaten seinen Bart und ihn selbst am Leben.

Nach dem Abschaben der Augenbraunen stellten sie ihn vor der Hütte, in der sie ihre Klapper= gottheiten, ihre Tamarakas hatten, mitten in einen Kreis. Zwei Weiber banden ihm an das gesunde Bein einige rasselnde „binger an einer schnuren", — wahrscheinlich kleine Kürbisarten mit horniger Schaale und trockenen Früchten oder Steinchen halb gefüllt. Nun sollte er nach dem Tacte eines Wei= bergesanges tanzen und mit der Klapper rasseln; aber kaum konnte der Arme stehen und mit dem gesunden Bein den Tact treten. Auch mit Federn schmückten sie ihm den Nacken und Kopf, und holten ihre Klappergötter, denen sie rühmend nachsagten, daß sie den Fang eines Portugiesen vorausgesagt hätten. Darüber geriethen sie in Streit. „Da sagte ich — Staben —, die binger haben keine

macht, und können auch nicht reden, und ligen, das ich ein Portugaleser bin, sondern ich bin der Frant=
zoser freund verwanten einer, und das landt da ich daheim bin, heyssit Allemanien. — Darauf sagten sie, Das müste ich ligen, dann wann ich der frant=
zosen Freund were, was ich dann unter den Portu=
galesern thet, sie wusten wol, das die frantzosen eben so wol der Portugaleser feinde weren als sie. Dann die frantzosen kämen alle jar mit schiffen, und brachten inen Messer, Exte, Spiegel, Kemme und Scheren, und sie gaben inen Prasilien holtz, Baumwoll, und andere wahr, als federwerck und pfeffer dafür. Derhalben were es ire gute freund, welches die Portugaleser also nicht gethan hetten, Dann sie weren, in verlegen jaren, da ins land kommen, und hetten, da sie jetzt noch woneten, unter iren feinden freundtschaft gemacht, und darnach weren sie zu inen auch kommen, und mit inen zuhandeln begert; und sie weren auß guter meinunge an ire schiffe kommen und darein gestiegen, gleich wie sie noch heutiges tages theten mit den Frantzösischen schiffen, und sagten, wenn dann die Portugaleser irer genug im schiffe gehabt, hetten sie sie denn an=
gegriffen, gebunden und iren feinden zugefürt und denen gegeben, die hetten sie denn geböttet und gessen, und irer etlich hetten sie mit irem geschütz zu todt geschossen, und viel Hochmut mehr, so inen

die Portugaleser gethan hetten, auch waren sie oftmals mit iren feinden zu kriege kommen, sie zu fangen."

„Und weiter sagten sie, das die Portugaleser, denen beiden so gebrüder waren und mich gefangen hatten, irem vatter einen (arm) abgeschossen hatten, also das er gestorben were, und desselbigen ires vatters todt wolten sie nun an mir rechen. Darauff sagte ich, was sie das an mir rechen wolten, ich were kein Portugaleser, ich were kurtz mit den Castilianern dahin kommen, einen schiffbruch gelitten, wer der ursach halben, so unter inen blieben."

Glücklicherweise war unter den Wilden ein junger Tupinamba, der die Wahrheit der Aussage Stadens bestättigen konnte. Bei einer Invasion der Tupinikin in das Land der Tupinamba war er, nachdem die Tupinikin das Dorf eingenommen, und die Erwachsenen gefressen hatten, mitgenommen und an die Portugiesen von S. Vicente verhandelt worden. Er lebte in der Gegend von Brikioka bei einem Gallego, einem Mann aus der spanischen Provinz Gallicien, Namens Antonio Agudin. Von diesem hatten die Tupinamba ihn wieder zurück erbeutet, und natürlich leben lassen, da er von ihrem Stamm war. Dieser junge Tupinamba kannte den Staden sehr gut, und wußte auch um jenen Schiffbruch der Castilianer, unter benen sich Staden befunden hatte. Das machte die Menschenfresser einigermaßen beruhigt. — Leider aber kam eine neue große Gefahr für unsern deutschen Landsmann zu Wege. Er gab sich immer für einen Freund der Franzosen aus. Da nun oft Franzosen zu Schiffe kamen, und sich selbst Einzelne unter den Wilden im Tauschhandel auf dem Lande umhertrieben, so hoffte Staden bei Einem dieser herumziehenden Franzosen Mitleid und Menschlichkeit und durch ihn Befreiung zu finden. —

Und wirklich fand sich vier Meilen von Ubatuba ein Franzos, der unter dem Namen „Karwattuware" dort lebte, und mit den Wilden befreundet war. Als er von Stadens Gefangenschaft hörte, kam er nach Ubatuba, um ihn zu sehen. Neugierig drängten sich die Wilden um die beiden Europäer, von denen der Eine das Leben des Andern in Händen hatte. Staden nahte sich erfreut, „und gedachte, er ist ja ein Christ, er wird wol zum besten reden."

Aber der französische Christ war viel entmenschter als die Kanibalen. Als Staden, der ganz nackt, verwundet und elend vor seinem christlichen weissen Bruder stand, demselben nicht französisch antworten konnte, rief dieser den Wilden in ihrer Sprache zu: Tödtet und esset ihn, den Bösewicht, er ist ein rechter Portugaleser, euer und mein feindt. — Staden bat ihn um Gotteswillen, er möchte ihnen doch sagen, daß sie ihn nicht äßen. Aber das christliche Ungeheuer erwiederte ihm: Sie sollen dich doch essen. — Das konnte Staben nicht überwinden! Er dachte an den „Spruch Jeremie cap. XVII, der da saget: Vermaledeiet sey der mensch, so sich auff menschen verlasset."

„Und mit denselbigen gieng ich wider von inen mit großem hertzen wehe, und hatte auff den schultern ein stücklein leinen tuchs gebunden, welches sie mir gaben (wo sie es auch bekommen hatten). Das riß ich ab, und die Sonn hatte mich sehr verbrant und warff es dem Frantzosen vor seine Fuß, und sagte bey mir selbst, sol ich denn ja sterben, worumb solte ich dann einem andern mein fleisch lenger vor hegen. Da leiteten sie mich widerumb in die Hütten, da sie mich verwareten. Da gieng ich in mein netz ligen. Gott dem ist bekaut das ellend, so ich hatte, und hub so schreiend an zusingen den vers: Nun bitten wir den Heiligen Geyst, umb den rechten glauben allermeyst, das er uns behüte an unserm ende, wann wir heimfahren auß diesem elende, Kyrioleys. Dann sagten sie: Er ist ein rechter Portugaleser, Jetzt schreiet er, ime grawet vor dem tode."

Denn die Wilden sind es gewohnt, daß ihnen ihre Schlachtopfer in den letzten Augenblicken mit frecher, trotziger Rede entgegentreten und den maaß=

losesten Todesmuth, in den beleidigendsten Worten
zeigen. Vom Beten zu einem Gott hatten sie keinen
Begriff. Und solch französisches Gesindel unter
ihnen, wie jener „Karawattuware" mochte eben
so wenig etwas vom Beten wissen, wie die Kaniba=
len selbst. —

Nachdem der Franzos zwei Tage in Ubatuba
gewesen war, ging er unerweicht von Stabens Flehen
wieder nach Hause.

Die Wilden aber beschlossen nun einmüthig,
Alles zu einem Feste zuzurüsten, und ersten Tages
Staden zu schlachten, wenn alle Vorbereitungen ge=
troffen wären. Bis dahin „verwarten sie mich sehr
fleissig, und thaten mir grossen spott an, beyde jung
und alt."

Aber fast hätte man unsern armen Schächer
vor der Zeit geschlachtet. Er bekam Zahnweh und
konnte nichts essen. Da fragte ihn sein Herr, der
„grosse Haifisch", warum er nichts äße. Staden
klagte ihm sein Leiden. Der Kanibale wollte ihm
mit einem Holz den Zahn herausbrechen; als
Staden sich dessen weigerte, meinte der Wilde,
wenn Staden nicht äße und wiederum zunähme,
so würde er ihn töbten vor der rechten Zeit.

„Gott weiß, wie manchmal ich so hertzlich be=
gerte, das ich möchte, wenns sein Göttlich will were,

sterben ehe es die Wilden acht hetten, das sie nicht
iren willen an mir vollenbringen möchten.

In solcher entsetzlichen Noth war es, daß
Staden jenes Gebet machte, was am Ende seiner
Beschreibung steht:

„Mein Gebet zu Gott dem Herren, dieweil ich in
der wilden leut gewalt war mich zu essen."

„O du Allmechtigkeit, der du den Himmel und
die Erde gegründet hast, du Gott unser Vorvätter
Abraham, Isaak und Jacob, der du dein volck Israel
so gewaltiglich auß irer feinde handt geführet hast,
durch das rothe Meer, der du Danielem unter den
Löwen behütest, dich bitt ich, du ewiger gewalthaber, du wollest mich erlosen auß der hand dieser
Tyrannen, die dich nicht kennen, umb Jesu Christi
deines lieben Sons willen, welcher die gefangenen
erlöset hat auß ewiger gefengknuß. Doch Herr ist
es dein wille, das ich so einen Tyrannischen todt
leiden sol, von diesen völckern, so dich nicht kennen
und sagen, wenn ich inen von dir sage, du habest
keine macht, mich aus ihren Henden zunemen. So
stercke mich je in der letzten stunde, wenn sie iren
willen an mir vollbringen, das ich ja nicht zweifel
an deiner Barmherzigkeit. Sol ich dann in diesem

elende so viel leiden, so gib mir hernach ruhe, und behüte mich je vor dem zukommenden elende, dar= vor sich alle unsere Vorvätter entsetzt haben. Doch Herr, du kanst mir wol auß irer gewalt helffen, hilff mir, ich weiß du kanst mir wol helffen, und wann du mir geholffen hast, wil ichs keinem glück zurechnen, Sondern alleine, das deine gewaltige Hand geholffen habe, dann ietzt kan mir keines menschen gewalt helffen, und wenn du mir geholffen hast auß irer gewalt, deine wohlthat wil ich prei= sen, und an den tag geben, unter allen völckern, wohin ich komme. Amen!" —

Ja, das war wohl ein Gebet, von dem man sagen kann: Aus tiefer Noth schrei ich zu dir!

Und in dieser Noth, in dieser tiefsten Noth hatte auch Staden nicht umsonst geschrieen. Der Herr erhörte sein Schreien mitten unter den gräßlichen Kanibalen am Strande von Ubatuba. Grade von den Tagen an, in denen er seinen Tod so nahe wie nie vor Augen sah, begann seine Todes= noth abzunehmen. — Jemehr aber seine Todes= noth abnahm, desto feuriger bekannte er seinen Gott und Herrn auch vor jenen Kanibalen, bis sie ihm einräumten, daß sein Gott mächtiger wäre, als ihre rasselnden Götzenklappern. —

Fünftes Capitel.

Staden und Cunhã-bebé.

„Nach etlichen tagen, — so beginnt Staden sein acht und zwanzigstes Kapitel — füreten sie mich in ein ander dorff, welchs sie heissen Arirab, zu einem König, der hieß Konyan Bebe, und war der vornemste König unter inen allen. Bey demselben hatten sich etliche mehr versamlet, und ein große freud gemacht, auff ire weise, wolten mich auch sehen, dann er bestelt hatte mich auff den tag auch dahin zubringen."

Von diesem furchtbaren Kanibalenkönig haben wir schon oben gelesen. Als Staden sich den Hütten des Ortes näherte, hörte er einen großen Lärm von Singen und Posaunenblasen, wenn man das Heulen dieser Barbaren und ihr Blasen auf Bambusrohren mit eigends zubereiteten Mundstücken, während das untere Ende statt einer Schallmündung oft einen Todtenschädel enthält, für eine Musik gelten lassen will. Vor den Hütten waren auf Bambusstangen etwa fünfzehn Köpfe aufgepflanzt von den Markayas=indianern der Nachbarschaft, welche kürzlich in Arirab geschlachtet und gegessen worden waren, wie die Wilden, welche den natürlich ob solchen Anblicks erbangenden Staden dort vorbei führten, ihm er=zählten. — Dann ging Einer von ihnen in eine Hütte hinein, und meldete dort mit brutalen Worten, daß sie den gefangenen Portugiesen brächten.

Staden ward hineingeführt. Da saß der König mit seinen Kanibalen, Kaawy trinkend und in hal=ber brutaler Berauschung den Europäer mit Wuth ansehend. Bist du als unser Feind zu uns ge=kommen? herrschte er ihn an. — Ich komme zu Euch, aber nicht als Euer Feind, erwiederte Staden gelassen. — Das ließen die Wilden gelten, denn wenn Staden wirklich als ein kriegsgefangener Wilder gekommen wäre, hätte er mit dem frechsten Trotz und übermüthigen Drohungen antworten müssen. Sie gaben ihm zu trinken, und nun begann ein Gespräch zwischen dem Kanibalenkönig und dem Mann aus Alemanien.

Staden hatte schon in Brikioka viel von dem gewaltigen Menschenfresser reden hören, vor dem das ganze Land zitterte. Derselbe sollte ein großer, starker Mann sein. So ging Staden denn auf Einen von den halbberauschten Wilden, den er für

Cunhâ-bebé halten durfte, los und redete ihn in der Tupisprache unerschrocken und sicher an:

„Bist Du der Konyan Bebe? Lebst Du noch?"

„Ja, — sagte er — ich lebe noch!"

„Wohlan — erwiederte Staden — ich habe viel von Dir gehört, wie Du so ein weiblicher Mann seiest."

Besseres konnte Staden nicht sagen. Denn wenn der Wilde auch alle Portugiesen in der brutalsten Weise haßte und verfolgte, so war ihm doch zumal in Gegenwart seiner Genossen ein Ruhmeswort aus dem Munde eines Europäers das Höchste, was ihm begegnen konnte. Grade wie solche Tuchauas oder Kaziken das noch heute machen, wenn man sie in Gegenwart ihrer Leute lobt, stand Konyan Bebe (— oder Cunhâ-bebé — die Schreibweise ist gleich, da jene Wilden keine Schrift kannten) auf, und ging vor Staden in aufgeblasenem Hochmuth auf und ab, um sich in seiner schrecklichen Majestät zu zeigen.

„Und er hatte einen großen runden grünen stein durch die lippen des mundes stecken (wie ir gebrauch ist). Auch so machten sie weiße pater noster, von einer art Seeschnecke, welches ir zierath ist, derselbigen hatte dieser König auch wol sechs klofftern am Hals hangen. Bey dem zierrath merckt ich, das es einer von den fürnemsten sein müste."

Nach dieser feierlichen Parade setzte er sich wieder nieder, und fragte unsern Staden nach den Anschlägen der Tupinikin und Portugiesen, und warum er selbst, Staden, von Brikioka auf die Tupinamba geschossen; denn er wußte, daß Staden „Büchsenschütz" daselbst gewesen wäre. Staden schob seine Pflicht vor. Aber der König schnob ihn heftig an als einen verkappten Portugiesen, der sich lügenhafter Weise für einen Franzosen ausgäbe, — und fügte hinzu, er hätte schon fünf Portugiesen fangen und fressen helfen, die sich Alle für Franzosen ausgaben. Jener Franzose Karwattuware hätte selbst gesagt, Staden wäre kein Franzose, denn er könnte nicht mit ihm französisch reden, er wäre ein Portugiese. Da verlor Staden den Muth, „so viel das ich mich des lebens getröstet, und mich in den willen Gottes befalh. Dann ich von inen allen nicht anders vername, dann ich solte sterben. Da hub er widerumb an zu fragen, Was denn die Portugaleser von im sagten, sie müsten sich freilich sehr vor ime entsetzen. Da sagte ich: Ja, sie wissen viel von dir zusagen, wie grossen krieg du inen pflegest zumachen, aber ietzt haben sie Brikioka fester gemacht. Ja meinte er, so wölte er sie so fangen, wie sie mich gefangen hetten in dem walde hin und wider."

Da sagte ihm Staden, daß die Tupinikin 25 Nachen zu einem Kriegszuge gegen ihn rüsteten, und in sein Land einfallen wollten. Damit ward Staden, nachdem er noch viele grausame Neckereien und Quälereien von den Kanibalen hatte aushalten und mit zusammengebundenen Beinen vor ihnen umherspringen müssen, von seinen Besitzern nach Ubatuba zurück gebracht, nachdem sie auch noch seinen Gott mit den schändlichsten Schimpfwörtern gelästert hatten.

Bald darauf überfielen wirklich die Tupinikin mit 25 Nachen den Ort Ubatuba. Staden ersann eine List, um fortlaufen zu können, und sich den mit den Portugiesen befreundeten Tupinikin anzuschließen, welche genau wußten, daß er in Ubatuba wäre. Aber es gelang dem Armen nicht. Die Tupinikin wurden zurückgeschlagen, und überfielen den nordöstlich von Ubatuba dicht bei dem heutigen Angra dos Reis gelegenen Indianerort Mambukaba. Die Einwohner entliefen bis auf einen kleinen Jungen; das Dorf ward abgebrannt, und die Tupinikin kehrten, während die Leute von Ubatuba nach Mambukaba zogen, um es wieder aufbauen zu helfen, nach Brikioka zurück.

Ehe die Tupinamba von Mambukaba zurückkamen, erschien vor Ubatuba ein portugiesisches Schiff aus Brikioka, um sich nach Staden zu erkundigen.

Mit Gewalt war nichts für ihn zu thun; man löste ein Stück, um mit den Indianern aus der Entfernung zu reden. Diese ruderten auch hinaus, wollten aber nichts über Staden sagen, so daß die Portugiesen meinten, ihr deutscher Büchsenschütz müßte wohl todt sein, und wieder umkehrten nach Brikioka. — „Was ich da gedachte, weiß Gott wol!" sagt Staden, als er das erzählte! Vielleicht war das der bitterste Schmerz in seinem Leben.

Aber doch sollte er auch Gottes Finger und Gottes Macht wieder erkennen. Kurz vor der Expedition nach Mambukaba hatte er im Mondschein ein Gespräch gehabt mit seinem Dränger Jeppipo Wasu, der ihn immer tödten lassen wollte, so daß Staden in seinem Jammer ausrief: O mein Herr und mein Gott, hilff mir dieses ellends zu einem seligen end. Er hatte dem Kaziquen gesagt, der Mond wäre zornig über ihn, worüber der Wilde in Wuth gerathen war.

Nun hatte man festgesetzt, daß Staden nach der Rückkehr der Wilden von Mambukaba gefressen werden sollte. — Eines Tages hörte der Unglückliche denn auch ein großes Geschrei, als ob die Horde zurückkehrte. Schon hatte er sich auf sein unmittelbares Ende vorbereitet; da kam ein Bruder des Häuptlings zu ihm, und erzählte ihm, sie wären Alle todtkrank in Mambukaba, und nun sollte Staden mit seinem Gott reden, daß sie wieder gesund würden, denn sein Gott müßte zornig sein. — „Ja, sagte Staden, mein Gott ist zornig, das er mich wolte essen, und gen Mambukaba gezogen were und zurüstete (zum Abschlachten des Staden). Und sagte ihm: Gehe hin zu deinem Bruder, daß er wieder herkomme zu seiner Hütte, so will ich mit meinem Gott reden, daß er wieder gesund werde. Da erwiederte der Wilde die merkwürdigen Worte: Mein Bruder ist zu krank und kann nicht kommen, aber er weiß wohl und hat es vermerkt, daß er, wenn du nur willst, auch daselbst gesund werden könne. — Staden tröstete ihn mit Hoffnung, und der Wilde kehrte nach Mambukaba zurück.

Nach einigen Tagen kamen denn wirklich alle Kranke von dort nach Ubatuba zurück, und ließen Staden bitten, er möchte sie doch wieder gesund machen, er sollte auch gewiß nicht geschlachtet werden. Er mußte ihnen, so wie sie ihn baten, die Hand auf das Haupt legen. Aber doch ließ Gott sie sterben. Erst starb ein Kind, dann des Königs Mutter, dann Einer seiner Brüder, dann wieder ein Kind und noch ein Bruder. Da war der König in Todesangst, und fürchtete mit seiner Frau ebenfalls zu sterben, und bat Staden, er möchte doch seinem Gott sagen, daß er nun den Zorn fahren ließe.

Da gab der König Befehl, Niemand sollte fernerhin Staden verhöhnen, oder gar ihn fressen zu wollen drohen. Langsam ward er und die Frau wieder gesund. Aber doch starben ihm acht Personen aus seiner Familie, dazu noch viele Andere, die unsern Staden besonders gequält hatten. —

Dieses Gericht Gottes machte einen mächtigen Eindruck auf die Wilden. Zwei andere Häuptlinge waren von bösen Träumen erschreckt worden. Staden verhieß auch ihnen Gottes Barmherzigkeit, sie sollten nur nie wieder Menschenfleisch essen.

Zuletzt kamen denn auch noch die Schlimmsten von allen Kanibalen zu Staden, „auch die alten weiber, — wie Staden selbst schreibt — in den hütten hin und wider, welche mir auch viel leyds gethan hatten mit rauffen, schlagen und drawen zu essen, Dieselben hießen mich darnach Scheranira, das ist, mein Sohn laß mich ja nicht sterben. Da wir so mit dir umbgiengen, meinten wir du werest ein Portugaleser, den sein wir sehr gram. Auch so haben wir schon etliche Portugaleser gehabt und gessen, aber ir Gott wurd so zornig nicht, als deiner, Darbey sehen wir nun, das du kein Portugaleser must sein."

„So ließen sie mich da ein zeitlang gehen, sie wusten nicht wol wie sie es mit mir hatten, ob ich ein Portugaleſer oder ein Frantzoß were. Sie ſagten ich hette einen roten bart wie die Frantzoſen, und ſie hetten auch wol Portugaleſer geſehen, aber die hetten gemeinlich alle ſchwärtze bärte."

„Und nach dem erſchrecken, wie der eine mein Herr auff kem, ſagten ſie mir von keinem eſſen mehr, aber ſie verwarten mich gleich wol, wolten mich nicht laſſen allein gehen."

Das größte Wunder aber that Gott bei dieſer Gelegenheit an jenem unmenſchlichen Franzoſen Karwattuware, der bei dem Cunhâ-bebé in ſo hohem Anſehen ſtand, daß dieſer ihn ſeinen Sohn nannte, und der, obwohl Europäer und Chriſt, die Kanibalen zum Schlachten ſeines chriſtlichen Mitbruders angeſtachelt hatte. Dieſer franzöſiſche Hauſirer kam über „Mungu Wappe und Iterronne" — letzteres die Bucht von Rio de Janeiro —, wieder nach Ubatuba, und war erſtaunt, daß Staden noch nicht geſchlachtet war. Da nahm Staden ihn bei Seite, und hielt ihm eine ſcharfe Rede, und fragte ihn, ob er wirklich ein chriſtlich Herz im Leibe gehabt oder an eine ewige Seligkeit gedacht, als er den Wilden gerathen hätte, ihn zu ſchlachten. Da reuete es den Franzoſen, und er entſchuldigte ſich vor Staden in jeglicher Weiſe. Auf deſſen Bitten ſagte er auch den Wilden, er hätte Staden das erſte Mal nicht recht erkannt; dieſer wäre aus Allemanien und gehörte zu den Freunden der Franzosen, und wenn ein Schiff käme, wollte er ihn mitnehmen. Davon wollten sie aber nichts hören. Zu einer Auslösung sollte Stadens Vater oder Bruder mit einer ganzen Ladung von Geräthen kommen, denn sie hätten ihn unter ihren Feinden gefunden und er wäre ihr eigen. Dagegen konnte auch der Franzose nichts anfangen. Als aber Staden ihn nochmals um Gotteswillen bat, seiner zu gedenken bei Gelegenheit eines Schiffes, versprach ihm der Franzos, ihm dann helfen zu wollen. Den Wilden rieth er, den Mann wohl zu verwahren und nicht zu tödten, denn seine Freunde würden gewiß kommen und ihn einlösen.

So war denn allerdings eine Frist und gewisse Ruhe eingetreten in den Qualen unsers Landsmannes. So wie aber die Krankheit von Mambukaba verschmerzt und der Rath des Franzosen vergessen war, kam wieder die alte Brutalität der Wilden zum Vorschein. — Nun, Staden ward nicht von ihnen gefressen, er mußte aber Zeuge des schrecklichsten Kanibalismus sein. — Im Dorfe „Tickquarippe" (Taguaripe), etwa 6 Meilen von Ubatuba sollte ein gefangener Marcahaindianer geschlachtet und bei einem Trinkgelage gegessen werden. Das sollte Staden mit ansehen, und sie nahmen ihn mit nach Taguaripe.

Grausig ist es zu lesen beim Staden, in welcher Weise solche Schlachterei vor sich ging, und wie der Gefangene sich dabei betrug, "als ob er sollte zur Kirmeß gehen." Wir wollen das nicht weiter schildern. — Bei der Gelegenheit wurden die Kanibalen denn auch wieder brutal mit Drohen gegen Staden, und alle Augenblicke war sein Leben in Gefahr. — Da trat der Herr wieder ins Mittel. Sein Haupttyrann, der ihn gern erschlagen hätte, bekam eine Augenentzündung und konnte nichts mehr sehen. Da bat er Staden, dieser möchte zu seinem Gott beten für ihn. Staden that das unter der Bedingung, daß der Wilde nun auch seiner schonte. Der Wilde versprach es, und war nach etlichen Tagen wieder gesund.

Als Staden so über vier Monat bei den Kanibalen gewesen war, machte man von der Insel S. Vicente aus noch einmal einen Versuch über Stadens Schicksal Nachricht zu bekommen. Dieser Versuch ward vom "Hauptman Brascupas zu Sanctus" angeordnet.

Braz Cubas war nicht nur der Bevollmächtigte von Martin Affonso, sondern auch sein Freund, — Beide waren schon zusammen in Asien gewesen, — der thätigste und tüchtigste Mann und Kolonist, der nach S. Vicente gekommen war, der Gründer der Villa de Todos os Santos, des heutigen San=

tos, dessen Hafengelegenheiten die Bucht von S. Vicente weit übertrafen und noch heute ganz vorzüglich sind. Braz Cubas schickte von Santos ein Schiff aus, nach Staden zu forschen. Es kam vor Ubatuba an. Ein Kanonenschuß lockte die Wilden heran; sie gaben Auskunft über Staden, doch war an eine Auslieferung nicht zu denken. Unter der größten Vorsicht von beiden Seiten durfte Staden bis in die Nähe des Schiffes fahren, und mit seinen Bekannten reden, besonders mit einem Franzosen am Bord, Claudio Miranda,*) den Staden für seinen Bruder ausgab. — „Dann hub, — so schreibt Staden — einer an, Johann Seuches genannt, ein Boschkeher (Baske), welchen ich wol kennete, und sagte zu mir, Mein lieber Bruder, ewert halben sein wir herkommen mit dem Schiffe, und haben nicht gewust, ob ir lebend oder tod sein gewesen, dann das erste schiff brachte keine zeitungen von euch. Nun hat uns der Hauptman Brazcubas zu Sanctus befolhen zuforschen, Ob ir noch beim leben weren; wann wir solches vernomen, das ir noch lebten, solten wir zum ersten hören, Ob sie euch auch verkauffen wölten, wo nicht, solten wir sehen,

---

*) Wohl derselbe Claudio von Senabrias Expedition, der nach den Schiffbruch bei Itanhaam zuerst jenen Ort auffand.

Ob wir etliche fangen könnten, die euch Quittirten."

„Da sagte ich, Nun wölle euch Gott in ewigkeit lohnen, dann ich bin in großer angst und not, und weiß noch nicht, was sie anschlagen werden, sie hetten mich wol gereibt gessen, hette es Gott nicht sonderlicher weise verhindert. Weiter sagte ich inen, sie werden mich auch nicht verkauffen, dann gebencket es nicht, und lasset auch nicht anders mercken, dann das ich ein Frantzose sey, und gebt mir etliche wahr umb Gottes willen, Messer und Angelhacken. Dasselbige thaten sie, und es fuhr einer mit einem Nachen beiß schiff und holets."

„Wie ich nun sahe, das mir die Wilden nicht lenger gestatten wolten mit inen zu reben, da sagte ich zu den Portugalesern, sehet euch wol vor, sie haben einen krieg vorhanden, wider nach Brikioka. Da sagten sie mir, das sich ire wilden auch sehr rüsteten, und würden gerab das dorff anfallen, da sie mich inne hetten, das ich nur wolgemut were, Gott würde alle ding zum Besten schaffen, dann ich sehe wol, sie könnten mir nit helffen. Ja sagte ich, bieweil es meine sünde also verdienet haben, ist es besser, das mich Gott hie straffe, dann dort in jenen leben, Und bittet Gott, das er mir auß dem ellend helff."

„Darmit befahle ich sie Gott dem Herrn. Und sie wolten weiter mit mir reden, aber die Wilden wolten mir nicht lenger gestatten spraach mit inen zu halten und fuhren wiederumb nach den hütten mit mir."

„Darnach sagten sie untereinander: Er muß gewiß ein Frantzos sein, lasset uns inen nun vortan besser halten. Also gieng ich da ein zeitlang unter inen, und sagt: Es wird bald ein schiff nach mir kommen, das sie mich nur wol tractirten. Darnach fuhrten sie mich in den walt hin und wider, wo sie etwas zuthun hatten, muste ich inen helffen."

Kaum hatte man angefangen, ihn für einen Frantzosen zu halten, und ihn als einen solchen etwas besser zu behandeln, so drohte eine neue Gefahr. Unter den Wilden war ein Carijóindianer als Sklave, der vor drei Jahren von den Portugiesen in Brikioka fortgelaufen war. Dieser behauptete, schon damals den Staden, der doch eben erst vor einem Jahr Schiffbruch gelitten hatte, als Kanonier von Brikioka kennen gelernt zu haben; ja er sollte sogar einmal einen Häuptling erschossen haben, und man müßte ihn nun dafür schlachten und essen. — „Und ich batt Gott stets, das er mich wölte vor den lügen behüten" klagt Staden bei der Gelegenheit; denn fast hätte man ihn auf Anrathen dieses Carijó wirklich geschlachtet.

Dafür ward nun der Carijó selbst krank, und war nach 10 Tagen so krank, daß man ihn aufgab. Da beschlossen sie ihn, ehe er stürbe, todt zu schlagen und zu essen, trotz Stadens Abrathen. Zwei Wilde hielten ihn, der selbst schon gar keine Besinnung mehr hatte, ein dritter schlug ihn auf den Kopf, „Das daz hirn herauß sprang." Da der Erschlagene ein Auge in der Krankheit verloren hatte, und sonst auch im Gesicht von seinem Siechthum entstellt war, schnitten sie ihm den Kopf ab. Die Weiber machten ein Feuer und sengten den Körper ab. Dann zerschnitt der Schlachter ihn, „und teilete mit den andern gleich, wie ire gewonheit ist, und aßen inen biß auff den kopff und därme, da hatten sie eckel an, dieweil er krank gewesen war. Darnach ging ich hin und wider durch die hütten, in der einen brieten sie die füß, in der andern die hend, in der dritten stücke vom leibe."

Solche Waldscenen kommen noch heutigen Tages in abgelegenen Gegenden Brasiliens vor.

So kam die Zeit heran, in der der große Zug der Tupinamba gegen Brikioka unternommen werden sollte. Vorher aber lief ein französisches Schiff in den acht Meilen entfernten Hafen von „Jteronne" von Rio de Janeiro ein, um mit den Wilden zu tauschhandeln, denn eine Niederlassung und ein ordentlicher Handelsplatz bestand damals noch nicht an jener Bucht.

Von diesem Schiff kam ein Boot längs der Küste gefahren, um auch in Ubatuba zu handeln. Ein gewisser Jacob, der die Sprache der Wilden kannte, befand sich in dem Boote. Staden bat ihn, ihn auf irgend eine Weise frei zu machen und mit zu nehmen. Doch verlangten die Wilden viele Sachen für ihn, und aus dem Geschäft wurde nichts.

Wie nun Staden sah, daß das Boot wieder weg fuhr, gedachte er: „O du gütiger Gott, wann das schiff nu auch hinweg feret, und mich nicht mit nimpt, werde ich doch noch unter inen umb kommen, dann es ist ein volck da kein vertrawen auff ist." Rasch war sein Entschluß gefaßt. Er stieß den nächststehenden Wilden von sich, und lief dem Ufer zu, — das ganze Dorf hinter ihm her. Doch entkam er, und schwamm dem Boot zu, was er auch glücklich erreichte. Als er aber hineinklettern wollte, stießen ihn die Franzosen, die durch seine Entführung künftige Handelsnachtheile fürchteten, wieder zurück ins Meer. Da schwamm er betrübt wieder nach dem Land zu und dachte: „Nun sehe ich, das es Gottes will ist, das ich lenger im ellend bleibe."

Die am Ufer aber freuten sich, daß er wieder kam. Auch wußte er sie völlig zu beschwichtigen mit den Worten: „Meynet ir das ich euch so entlauffen wolte, Ich bin da im bot gewesen, und meinen landsleuten gesagt, das sie sich darauff schickten, wann ir auß dem krieg kemet, und mich dahin bringet, das sie dann viel wahr bey einander hetten, und euch geben, solches behagte inen wol, und waren wieder zufrieden."

So kam die Zeit zum Kriegszuge heran. Cunhâbebé der Oberchef, kam selbst nach Ubatuba, dem Sammelplatz der Horden. Es fanden sich im Ganzen 38 Nachen ein, jeder durchschnittlich mit 18 Kriegsmännern bewaffnet, so das die Tupinamba eine Macht von ungefähr 700 Mann bildeten, die immer schon furchtbar werden konnte unter der Führung eines starken bis zur völligsten Todesverachtung kühnen Führers, wie Stabens Konyan Bebe. Nach langen Berathschlagungen für und wider warb auf Befehl des Letzteren Staben mitgenommen.

Am 14. August 1554 brach der merkwürdige Zug auf, in dem Monat, wo, wie schon oben bemerkt ist, die Wilden wegen des Fischfangens gern Hader anfangen.

Unterwegs sprachen sie viel mit Staben, und fragten ihn, was er von dem Ausgang des Krieges dächte. Staben hoffte immer, seine Freunde von Brikioka möchten ihnen begegnen, und ihn befreien. Unter solchen Spannungen und Erwartungen kamen sie nach der Insel S. Sebastian, welche von den Wilden „Meyenbipe" genannt ward.

Dort ward gelagert im Wald. Cunhâ=bebé ging durch das Lager, und ermunterte das Heer zum kühnen Angriff vielleicht schon auf den folgenden Tag; man aß und trank, und gab beim Einschlafen dem Staden das Geheiß, mit seinem Gott es zu machen, daß sie viele Feinde fingen.

Am Morgen früh ward ein großes Fischmal gehalten, getanzt und mit den Klappern Götzendienst und Wahrsagerei getrieben. Man wollte bis „Boywassu kange" fahren, sich dort in Hinterhalt legen und dann die Nacht zum Ueberfall abwarten. Diese unbedeutende Oertlichkeit liegt dem kleinen aber hohen Eiland Monte do trigo gegenüber am Ufer, auf manchen Karten Bussucuja genannt, — (vielleicht aus boia—açu—canja entstanden, Schlange —groß—bunt). Hier fragten sie Staden noch einmal um seine Ansicht; denn sie hielten ihn immer für einen von seinem Gott inspirirten Mann. — Staden antwortete ihnen aufs Gradewohl: Bei Boywassu kanja werdet ihr die Feinde treffen! Dort hoffte Staden entwischen zu können im Tumult des Treffens; der Ort war nur sechs Meilen von Brikioka.

Und wirklich kamen gerade an dem Ort den Tupinambas die Tupinikins von Brikioka entgegen.

Erstere wollten sich schnell in Hinterhalt legen, aber letztere hatten sie bemerkt, und ergriffen, da sie nur fünf Nachen stark waren, die Flucht. Man verfolgte sie vier Stunden lang, und erreichte sie wirklich. Von beiden Seiten ward muthig gefochten. Bei den Tupinikins waren die Leute von Brikioka, jene Gebrüder Braga und andere Mamelukos (Halbindianer) und Christen, welche Feuerwaffen hatten. Aber auch damit und trotz allen Muthes erlagen sie der Uebermacht und wurden, die Unglücklichen, theils verwundet, theils unverwundet gefangen genommen, nachdem sie sich zwei volle Stunden gewehrt hatten.

Man befand sich zwei Meilen weit im Meer. Die Tupinamba flüchteten mit ihren Gefangenen ans Land und bereiteten sich ein Lager. — „Aber die hart verwundt waren, zohen sie ans landt und schlugen sie vortan zu todt, und schnieben sie auff iren gebrauch in stück, und brieten das fleisch. Unter denen, die die nacht gebraten wurden, waren zwen Mammelucken, welche Christen waren, der eine war ein Portugaleser Georg Ferrero genant, eines Hauptmanns Sohn. Denselbigen hatte er gezeuget mit einer Wilden frawen, der ander hieß Hieronymus, denselbigen hatte ein Wilder gefangen, der war auß der hütten, darinne ich war, und sein name war Parwaa, derselbige brebt den Hironymum die nacht, ungeferlich einen schritt von mir, da ich lag. Derselbige Hieronymus (Gott hab sein Seel) war des Diego de Praga blütverwandter." Es war eine grauenvolle, gräßliche Nacht für Staden. —

So hatte nun unser Staden christliche Leidensgefährten, die Alle von Brikioka her seine guten Freunde waren. Aber ihr Loos war unbedingt das, nächstens geschlachtet und gegessen zu werden, wie man dazu bereits den Anfang gemacht hatte. Staden tröstete so viel als es in seinen Kräften stand seine elenden christlichen Brüder, wenn auch die Wilden es ihm oft mit brutaler Rede verboten. Er sagte ihnen, sie müßten sich ganz in Gottes Willen begeben, sie sähen wohl, was wir für ein Elend in diesem Jammerthal hätten, — worauf sie ihm erwiederten, das hätten sie nie so wohl erfahren wie eben jetzt. Da aber ihr Tod doch von Gott abhinge, so wollten sie nun um so fröhlicher sterben, da Staden bei ihnen wäre.

Bei ihrem kanibalischen Treiben ließen die Wilden unsern Staden ganz aus den Augen. Da sie ihn doch nicht schlachten durften, und jetzt so viel andere Opfer um sich hatten, ließen sie ihn frei und unbewacht umher gehen. — Wohl hätte er da entlaufen und nach Brikioka, welches etwa 10 Meilen fern war, entkommen können, — „aber" — setzte er selbst hinzu — ich unterließ es umb der gefangenen Christen willen, welcher noch vier lebendig waren.

Denn ich gedacht, entlauff ich inen, so werden sie zornig, und schlagen dieselbigen von stund an todt. Vielleicht mittler zeit erhelt uns Gott all mit einander, und gedachte also bei inen zubleiben, und sie zu trösten, wie ich auch thete. Aber die Wilden waren mir sehr günstig, dann ich hatte zuvor gesagt, auff abentheuer, die Feinde würden uns begegnen. Wie es nun auch geriet, sagten sie, Ich were ein besser Prophet, dann ir Miraka."

Am folgenden Tage zog die Horde mit ihren Opfern weiter der Heimath zu. Bei einem großen Gebirge „Occaraçu" lagerten sie sich. Da ging Staden in des Cunhâ-bebé Hütte, und bat für die Mamelucos; aber der Unmensch herrschte ihn an: Sie sollen gegessen werden! Sie hätten sollen zu Hause bleiben, und nicht mit meinen Feinden gegen mich in den Krieg ziehen. — Staden sagte, er sollte sie leben lassen, und ihren Freunden wieder verkauffen. Er aber blieb bei seinem: Sie sollen gegessen werden.

Und bei der Gelegenheit giebt Staden ein grausiges Bild von dem Scheusal. „Und derselbige Konyan Bebe hatte einen großen korb vol menschenfleysch vor sich, aß von einem beyne, hielt mir es vor den mundt, fragte ob ich auch essen wölte. Ich sagte, Ein unvernünfftig thier frißt kaum das ander, solte dann ein mensch den andern fressen. Er

beyß darein, sagte, Jau ware ché, Ich bin ein
Tiegerthier, es schmeckt wol, damit ging ich
von im."

Denselben Abend ließ Cunhâ=bebé noch alle
Gefangene hervor führen auf einen freien Platz am
Ufer. Die Wilden bildeten einen weiten Kreis um
sie; und nun mußten sie springen und tanzen und
mit den Tammarakas klappern. Zuletzt lästerten sie
sich gegenseitig, wie das bei dieser Poraceia der
Fall ist. „Ja, sagten die Gefangenen, wir zogen
aus gleich wie tapfere Leute pflegen, um Euch, unsere
Feinde zu fangen und zu essen. Nun habt Ihr
die Oberhand gekriegt, und habt uns gefangen.
Aber wir fragen nichts darnach! Die wahrhaftigen
tapferen Leute sterben in ihrer Feinde Land. So
ist auch unser Land noch groß; die Unsern werden
uns an euch wohl rächen. — Ja, sagten die Andern,
Ihr habt der Unsern schon viele vertilget, das wollen
wir auch an Euch rächen." —

Doch wurde den Abend Niemand geschlachtet.
Am folgenden Tage erreichten die Tupinambas ihre
Landschaft wieder, und das Kriegsheer zerstreute sich,
jeder Ort mit seiner Beute. Die von Ubatuba
hatten acht Wilde lebendig gefangen, und dazu noch
drei christliche Mammelucos von der Familie der
Braga. — „Und noch zwen Mammelucken, welche

Christen waren, fuhrten sie gebratten heim, da zu essen."

Die Expedition hatte elf Tage gedauert, und jenes französische Schiff war noch in „Iteronne" — Rio de Janeiro, — wohin Staden so gern gebracht werden wollte. Aber erst wollte das Dorf die gebratenen Mammelucos aufzehren, wozu ein Chef, Tatamiri (tatá Feuer, tata mirim ein Funke) das Getränk lieferte. „Darnach des andern tages nach dem trincken sotten sie das gebratene Fleisch widerumb auff und assens. Aber des andern Hieronymi fleisch hing in der Hütten, darin ich war, in einem korb über dem fewer im rauch wol drey wochen, das es so trucken war wie ein holtz. Und das es so lang ungessen hieng über dem fewer, war die ursach: Der wilde der es hatte, war genant Parwaa. Der war auf einen andern ort gezogen wurtzeln zuholen, die getrenck zu machen, des Hieronymi fleisch darmit zu betrincken, das sich also die zeit verlieff." — Unterdessen war das französische Schiff wieder weggefahren, und Staden war in tiefer Betrübniß. Kaum dämmerte ihm irgend wie ein Hoffnungsschimmer zur Freiheit, so verlosch er auch wieder.

Dagegen erzählt er eine kleine Geschichte, die wir ja nicht vergessen dürfen, denn sie lehrt uns, daß Staden in Ubatuba, mitten unter den Menschenfressern — das erste Kreuz errichtet habe.

„Ich hatte ein Creutz gemacht, von einem reibel, und vor der hutten auffgericht, darinn ich war, bey dem ich vielmals mein gebet thet zum Herren, und ich hatte den wilden befohlen, sie solten es nicht auß ziehen, es möchte inen unglick davon kommen, aber sie verachteten meine rede. Auff ein zeit war ich mit inen auff der vischerey, mittler weil hatte ein fraw das Creutz außgerraufft, hatte es irem manne geben, der solte ir ein art pater noster, welche sie von Meerschneckenheusern machen, darauff reiben, dieweil es runt war, welchs mich nun sehr verdroß, bald darnach fieng es sehr an zu regnen, wehrete etliche tage. Sie kemen in meine hütten, begerten, Ich solte mit meinem Gott machen, das der regen auffhörete, Dann wo es nicht auffhörete, würde es ire pflantzung verhindern, Dann ire pflantzzeit wer da. Ich sagte es were ihr schuldt, sie hetten meinen Gott erzürnet, da sie das holtz hetten außgerrauffet. Dann bey dem holtz pflegte ich mit meinem Gott spraach zuhalten. Wie sie nun meinten, das die ursach zu sein des regens, halff mir meines Herrn Son wider ein Creutz auffrichten. Es war ungeferlich umb ein uhr nach mittage nach der Sonnen zu rechnen. Wie es auffgerichtet, wurde es von stund an widerumb schöner wetter, und war vormittage sehr ungestümb. Sie verwunderten sich alle, meinten mein Gott thet, was ich wölte." —

Endlich mußte Staben es noch erleben, daß ein großes Trinkgelage von jenem Parwaa angestellt ward, um das gedörrte Fleisch des vor mehreren Wochen schon erschlagenen Jeronimo zu essen. — Die vier gefangenen Christen mußten mit trinken. Aber sie thaten ihr brünstig Gebet zu Gott, er möchte ihren Seelen gnädig sein, wenn ihre Stunde käme. Wahrlich, sie saßen da wie jene Männer im feurigen Ofen!

Und nun mußte Staben von ihnen Abschied nehmen. Seine Herren, der „kleine Alkindar" und der „große Jeppipo" hatten ihn, da der „große Haifisch" (Iperu-açu) ihn doch nicht mehr todt schlagen durfte, an einen Häuptling „Abbati Bossange in Tackwarasutibi" verschenkt, mit der Empfehlung, er möchte dem Staben kein Leid anthun oder anthun lassen; denn sein Gott wäre schrecklich über die, welche ihm Leid thäten; das hätten sie gesehen, als sie ihn noch bei sich gehabt hätten. — Da nannte ihn der Häuptling seinen Sohn, und ließ ihn mit seinen Söhnen zur Jagd gehen.

Den Bragas aber hatte Staben Winke zur Flucht gegeben nach dem Gebirge, und sie waren auch wirklich von Ubatuba entwischt. Stabens neuer Aufenthalt „Tackwarasutibi" lag wenige Meilen westlich von Rio de Janeiro, nicht weit von der Mündung des Flusses, an dem die blühende kleine

Stadt Taguay liegt. — Der Name des Ortes ist aus taquara—açu—üva oder iba zusammen gesetzt, ein Ort wo „Bambus—groß—viel" wächst. Eine kleine dortige Insel führt noch den Namen Taquaraçutuba. — Abbati soll offenbar aba-eté heißen, ein „tüchtiger Mann."

In Taquaraçutuba erfuhr nun Staden, daß das französische Schiff Maria Ballette gehießen hätte, aus Depen (Dieppe), dessen Boot ihn so unmenschlich zurückgestoßen. Es hatte in der Bucht von Rio de Janeiro ein portugiesisches Schiff genommen, und einen Mann davon an einen wilden Häuptling, Ita Wu, geschenkt, um sich bei ihm beliebt zu machen, — damit dieser ihn fräße, was der Häuptling auch gethan. — Endlich war auch noch jener Franzos an Bord, der anfangs in Ubatuba die Leute gegen Staden aufhetzte, daß sie ihn fressen sollten. Das Schiff ist unterwegs verschollen, grade als ob Gottes Zorn die Leute getroffen hätte, die sich um schändlichen Gewinnes willen mit solchen Sünden beladen hatten. —

Kaum war Staden vierzehn Tage in Taquaraçutuba, als die Wilden zu ihm kamen und ihm meldeten, sie hätten schießen hören; es müßte im Hafen von Iteronne sein. Wirklich kam bald darauf die Nachricht, daß dort schon wieder ein französisches Schiff angekommen wäre. Schon hatte Staden seine Wilden bewogen ihn dort hin zu bringen, als ein französisches Boot erschien im Auftrage des Kapitains von jenem Schiff. Er hatte von dem unglücklichen Staden gehört, und schickte nun zwei kundige Leute seines Schiffes mit einigen befreundeten Wilden nach dem Orte wo Staden war, um Alles zu seiner Befreiung zu versuchen, und ihn an Bord zu bringen. Das schien aber fast unmöglich zu sein. Stadens neuer Besitzer wollte ihn fast um keinen Preis los geben. Doch fuhren sie endlich Alle nach Iteronne (nyctero-y, stilles Wasser), und trafen dort wirklich das französische Schiff, welches sie bestiegen.

Hier suchte man auf alle Weise den Häuptling oder „König" Abbati Bossange zu überreden, den Staden frei zu lassen, — aber er wollte nicht, sondern wollte ihn wieder mit zurücknehmen. Um so fester ward der Entschluß des französischen Schiffskapitains, Staden doch zu befreien. —

Nachdem man den Wilden mit seinen Leuten mehrere Tage hingehalten und die Ladung vervollständigt hatte, nahm man, um mit guter Manier von den bösen Gesellen los zu kommen, zu einer List seine Zuflucht. Der Kapitain, Wilhelm de Moner, dessen Schiff die Katharina von Watteville hieß, versammelte um sich sämmtliche Insassen des Schiffes, und sagte dem König durch einen Dolmetscher vielen Dank dafür, daß man Staden nicht getödtet, obwohl er doch unter den Feinden der Tupinambas gefangen genommen wäre. Dafür möchte er ihnen zum Dank verschiedene Geschenke machen, wonach es denn sein Wunsch wäre, daß Staden wieder mit Waaren ans Land ginge, um dort als eine Art von Agent der Franzosen unter den Wilden, mit denen er ja nun bekannt wäre, Landesproducte einzuhandeln, bis das Schiff wieder käme.

Vorher hatte man aber mit ungefähr zehn Franzosen, welche dem Staden einigermaßen ähnlich waren, gesprochen, sie sollten als Brüder Stadens hervortreten, und bringend um seine Heimreise bitten. Diese Zehn kamen nun mit stürmischem Nachdruck zum Vorschein, und sagten, Staden müßte mit ihnen heimkehren, sein Vater wollte ihn noch einmal sehen, ehe denn er stürbe. — Da ließ der Kapitain dem König weiter sagen: Trotzdem, daß er der Oberste im Schiff wäre, und es selbst wünschte, daß Staden wieder mit dem Häuptling ans Land ginge, so wäre er doch immer nur ein einzelner Mensch, und könnte nichts anfangen gegen die vielen Brüder. Und Staden selbst fügte hinzu, er möchte gern wieder mit den Wilden ans Land gehen, aber der König sähe ja selbst, daß die Brüder es nicht zulassen wollten.

Da fing der König laut an zu schreien im Schiff vor Schmerz, und sagte: Wenn sie den Staden denn durchaus mit nehmen wollten, so müßte er mit dem ersten Schiff wieder kommen, denn er hätte ihn wie seinen eigenen Sohn gehalten nnd lieb gehabt, und wäre sehr zornig über die Leute von Ubatuba, daß die ihn hätten tödten wollen.

Die Wilden jener Gegenden hatten die Gewohnheit, beim Abschied gegen einander an zu schreien vor Schmerz und Jammer. Das sagt auch Staden am Schluß seines Kapitels:

„Und seiner Weiber Eins, welchs mit im schiff war, muste mich beschreien, nach ihrer gewonheit, und ich schrey auch nach irem gebrauch. Nach dem allem gab im (dem Könige) der Hauptmann etliche wahr möchte sich belauffen umb fünff Ducaten werdt in Messern, Exten, Spiegeln und Kemmen. Damit zohen sie wiederumb an landt nach irer wenunge."

„So halff mir der Allmechtige Herr, der Gott Abraham, Isaac und Jacob, auß der Gewalt der Tyrannen. Ihm sei lob, preiß und ehr, durch Jesum Christum seinen lieben Sohn unsern seligmacher, Amen."

Und Amen sagen gewiß Alle, welche dem Staden über Meer und durch die Wildniß und all die entsetzlichen Todesnoth bei den wilden Tupinambas Brasiliens gefolgt sind, — und Alle wünschen ihm gewiß eine glückliche Heimkehr.

Aber doch schien Gott es anders machen zu wollen mit dem Hartgeprüften. Gerettet aus der Hand der Kanibalen schien er fast unmittelbar darauf noch im Hafen von Iteronne mitten unter christlichen Brüdern sterben zu sollen.

Sechstes Capitel.

Stadens Heimreise.

Jetzt rüstete sich die Katharina von Watteville eiligst zur Abreise. Als das Schiff eben die Bucht von Rio de Janeiro verlassen wollte, kam ein kleines Portugiesisches Schiff aus der Tiefe der Bucht zum Vorschein, wo es, bis dahin unbemerkt von den Franzosen, mit den Wilden Handel getrieben hatte, leider gerade dasselbe Schiff aus S. Vicente und einem gewissen Peter Rösel, dem Factor eines Zuckerwerkes bei Santos, gehörend, welches das erste Mal um Staden aufzusuchen nach Ubatuba geschickt worden war. — Die Franzosen armirten ihre Boote mit Geschütz, um das Schiff zu nehmen. Ja, sie setzten selbst Staden in Eins der Boote, damit er die Portugiesen zur Uebergabe auffordern sollte. Aber die Portugiesen waren in ihrem Rechte, und fochten darum mit dem besten Gewissen. Et-

liche Franzosen wurden erschossen, etliche schwer
verwundet, und der ganze Angriff ward abge=
schlagen.

Der am schwersten Verwundete war — unser
Staden; aber er wußte immer ein Mittel, er „rieff
in der angst zu meinem Herrn — so schreibt er, —
dann ich fühlte nichts anders, dann todesnot, und
bat den gütigen Vatter, dieweil er mir auß der
Tyrannen gewalt geholffen hatte, mich doch bey dem
leben behalten, das ich mochte widerumb in Christen
landtschafft kommen und seine erzeigte wolthat an
mir andern leuten auch verkünden. Und ich bekam
meine volkomm gesundheit wider. Gelobet sei der
gütige Gott von ewigkeit zu ewigkeit. — Anno
Domini 1554 den letzten Octobris, giengen wir in
dem Habingen Rio de Jenero zu siegel, und fuhren
wieder nach Frankreich."

Die Reise war zwar lang, aber ungemein ruhig.
Nur der Proviant wurde sehr knapp. Aber „der
Herr that ein sichtlich wunder bey uns im Meer.
den ersten tag vor dem Christag kamen viele fische
umb das schiff her welche man nennet Meerschwein.
Der fiengen wir so viel, das wir etliche tage satt
hatten. Desselbigen gleichen auch auff der heiligen
drey Könige abend bescherte uns auch Gott fische
satt, dann wir hatten sunst desmals nicht viel zu=
speisen, dann was uns Gott auß dem Meer gab."

Am 20. Februar 1855 kam das Schiff an „bei einem Stedtlein Honflor genant, ligt in Normandi". Staben half ehrlich beim Löschen der Ladung und dankte dann Allen für die erzeigte Wohlthat. Der Kapitain hätte ihn gern zu noch einer Reise bewogen, aber Staben hatte genug „Indiam besehen." So erhielt er denn ein „paß port von Moensoral Miranth Oberster in Normanbia", — vielleicht eine Verdrehung von Monsieur und Almirante, dem portugiesischen Namen für: Admiral, welcher den merkwürdigen Mann selbst zu sehen verlangte.

Mit Zehrgeld seines Hauptmannes zog Staben von „Hensloer" nach Habelnoeff (gewiß Havre), von dort nach Deppen, nach Dieppe.

Hier erfuhr Staben, daß die Marie Bellette mit all dem sündigen Volk am Bord nicht angekommen war, obwohl sie drei Monate vor Staben Rio de Janeiro verlassen hatte. Staben erzählte den Leuten in Dieppe all die schwere Schuld und das Leid, was die Franzosen von jenem Schiffe ihm angethan, wie dagegen es denen, die ihn den Wilden abgekauft, so wohl gegangen wäre auf der Reise. „Gott gab uns schön wetter und windt; gab uns Fische aus der tieffe des Meeres."

„Von Depen fuhr ich mit einem Schiff gen Lunden (London) inn Engellandt, da war ich etliche tage, darnach fuhr ich von Lunden in Seelandt, von Seelandt gen Andorff (Antwerpen). So hat mir der Allmechtige Gott, dem alle ding möglich ist, inns Vatterlandt widergeholffen, im sey ewig lob. Amen.".

„Zu Antdorff kam ich in das Hauß von Ofa, zu einem kauffherrn Jaspar Schetzen genant, demselbigen steht der gemelte Factor Peter Rösel in Sanct Vincente mit zu, wie gemelt. Dem bracht ich die zeittungen, wie die Frantzzosen seines Factors schifflein inn Rio de Janero hetten angefallen, aber weren wider abgeschlagen. Derselbig kauffher schenkte mir zwen Ketsars Ducaten zur zehrung, Gott wolle es im vergelten. —

Schlußwort.

Die Gründung von Rio de Janeiro.

So sind wir denn unserm Staden auf das Allergenaueste nachgefolgt auf seinem Leidens- und Kreuzeszuge, und haben gesehen, wie sorgfältig, wie gewissenhaft, wie wahrheitsliebend er uns Alles dargestellt hat. Jeden geographischen Punkt, jede Bucht, jeden Schlupfwinkel der Wilden, die ihn mit sich umherschleppten, konnten wir wieder auffinden. Höchstens in der Angabe der Breitengrade kam einmal eine Irrung vor. — Und so nennt er auch nicht eine einzige Person, deren Existenz nicht nachzuweisen wäre. Die angesehenen Portugiesen, die er nennt, gehören Alle der brasilianischen Geschichte an; die hervorragenden Morubixabas oder Fürsten unter den Wilden, ein Cunhâ-bebé, ein Jperu-açu werden noch heute mit Grauen genannt.

Und so hat er sich vor Allem in seinem Gottvertrauen auf seinem Leidenswege bewährt, ganz ähnlich den ersten Blutzeugen unter den Christen zur Zeit der tobenden Heiden, — so hat er sich bewährt, daß Gott sich ebenfalls an dem biederen Büchsenschützen bewährte in der herrlichsten Weise. Denn nicht nur ihm selbst gab der Herr Muth und Kraft bis in die schwärzesten Todesstunden hinein, sondern er predigte durch Wort und That selbst auch unter den Heiden, diesen furchtbaren Tigerthieren, wie Cunhâ-bebé sich ja selbst nannte, und sie fürchteten sich wenigstens vor solchem mächtigen Gott, wenn sie ihn auch noch nicht in Liebe glauben konnten.

So dürfen wir auch in Bezug auf einen gewissen Missionseinfluß unsern Staden den edelsten Heidenbekehrern jener Zeiten und Gegenden, einem Anchietta, einem Nobrega an die Seite stellen, ja er mag diesen glaubensmächtigen Jesuiten wirklich die Bahn gebrochen haben von der südlichen Parahyba bis nach S. Vicente.

Und damit unser Staden nicht nur vor dem Forum der gewissenhaften Berichterstattung und des tiefsten, lautersten Christensinnes als ein Stern erster Größe erscheine, müssen wir, um auch benen zu genügen, denen Frömmigkeit und Glaubensstärke wie eine Nebensache oder gar Characterschwäche erscheint, und nur Gelehrsamkeit und Wissenschaft schätzenswerth ist, unsern Staden auch als ein

Muster von Beobachter und Naturforscher wenigstens erwähnen. In 36 Kapiteln, die seiner Schicksalserzählung etwa wie Scholien, wie ein fortlaufender Kommentar angehängt sind, giebt er uns einen „warhaftigen kurzen Bericht" über Land und Leute, welcher meines Erachtens unter den ältesten Documenten über Brasilien weit ab oben an steht, und uns so in die Mitte der wilden Tupinambas, in ihre Sitten, Gewohnheiten, Wohnungen, Pflanzungen, Naturumgebungen einführt, daß wir uns aus seinen Schilderungen das vollste Bild von den brasilianischen Wilden machen können, wenn wir uns auch oft mit Schauder und Entsetzen von ihnen abwenden müssen.

Und damit wir Stadens culturhistorische Bedeutung vollauf anerkennen, müssen wir noch zuletzt an ein großes Ereigniß denken, welches gewiß auch von Stadens Schicksalen hervorgerufen ist.

Der tapfere Büchsenschütze aus Deutschland, der in dem Fort Brikioka von Thomè de Sousa in des Königs von Portugal Namen als ein Hauptmann eingesetzt worden war, durfte nicht daraus verschwinden, und von den Kanibalen entführt werden, ohne nicht damit auch den portugisischen Ernst, das ganze Ehrgefühl der Nation heraus zu fordern, um ihren Hauptmann zu rächen, und der Barbarei der Kanibalen einen Todesstoß zu versetzen. Nicht daß der wackere Braz Cubas von Santos Schiffe ausschickte, um ihn aufzusuchen, — nicht daß sogar die Tupinikins und die unglücklichen Bragas sich aufmachten, um ihn aus Ubatuba zu befreien, nicht daran wollen wir erinnern, wie edel diese einzelnen Bestrebungen auch sein mögen, und ein wie gutes Zeugniß sie auch ablegen für Staden, — wir wollen eben nur das erwähnen, daß man, um der zuchtlosen Barbarei der Wilden in jenen Gegenden die Zügel anzulegen, und den Franzosen ihre Aufhetzereien jener Wilden zu wehren, beschloß, in der Bucht von Iteronne jene Stadt anzulegen, die seitdem die erste Stadt von Südamerika, die Hauptstadt des ganz nach europäischen, christlichen Formen eingerichteten Brasiliens, die Residenz eines edeln, intelligenten Kaisers geworden ist.

Nach dem muthigen Thomé de Sousa, dem Beschützer unseres Staden, war als dritter Generalgouverneur des Landes Men de Sá nach Brasilien geschickt worden. Er kam über Bahia mit einer starken Flottenmacht nach Iteronne, denn daselbst hatten sich bald nach Stadens Abzug aus dem Lande die französischen Kalvinisten unter einem kühnen Führer, Villegagnon, den der alte Colligny ausgeschickt hatte, festgesetzt. Diese wieder zu vertreiben kam Men de Sá mit stattlichem Geschwader vom Norden herbeigeschwommen. Aber vom Süden her kam eine friedlichere Expedition dahergezogen. Einige Schiffe und acht Nachen mit Kolonisten kamen von S. Vicente, und die Leute sprangen muthig und unternehmend gleich hinter dem Eingang in die Bucht von Iteronne ans Land, auf der linken Seite von der Einfahrt, etwa da, wo die reizende kleine Bucht von Botafogo wie ein Alpensee sich abzweigt von der großen Bucht, und wo aus dem wunderschönen engen Thal der „Larangeiras" ein üppiger Sprudel des schönsten Trinkwassers herausrauscht.

Und der Führer dieser muthigen Friedensschaar? Nun, die Chroniken Portugals haben uns seinen Namen neidlos aufbewahrt, und in Varnhagens trefflicher Geschichte (B. I. S. 247) heißt es: Vogavam oito canoas, das quaes ia por commandante o allemaõ Heliodoro Eoban: „Heran wogten acht Canoas, von welchen als Commandant der **deutsche Heliodorus Eoban** mit kam," derselbe Eoban, bei dem Staden gleich nach seinem Schiffbruch bei Itanhaem gastliche Aufnahme gefunden hatte, und dessen Gegenbesuch in Brikioka später die Ursache gab, daß Staden unvorsichtig in den Wald ging, und von den Tupinambas entführt ward.

Heliodorus Eobanus war der Sohn des Dichters und Schulmannes Elias Eobanus aus Hessen, der 1509 Rector in Erfurt, 1526 Rector in Nürn=

berg und 1536 Professor in Marburg ward. — Vielleicht mag der Sohn in Nürnberg vor dem Globus des Martin Behaim die Lust bekommen haben, "Indiam zu besehen", und so nach S. Vicente als "der kauffleut schreiber und außrichter" gekommen sein. Seine Tüchtigkeit aber erwarb ihm das Vertrauen des Hauptmannes Braz Cubas von Santos, jene Expedition zur Gründung von Rio de Janeiro nach der Bucht von Iteronne zu führen. — Die kleine Niederlassung hieß anfangs Cari-oca, der "Weissen=Haus", und das ist noch heutigen Tages der älteste, legitimste Name von Rio de Janeiro.

Und so wollen wir denn, daß fortan jeder deutsche Seemann, jeder deutsche Auswanderer, sei er Kaufmann, Handwerker oder Landmann, wenn er unter dem Zuckerhuth der Praha vermelha und unter den Kanonen von Santa Cruz hindurchsegelnd in die herrliche Bucht von Rio de Janeiro einläuft, der beiden ersten Deutschen gedenke, die dort je eingelaufen sind: Hans Staden und Heliodor Eoban, wie die brasilianische Geschichte ihrer immer mit Anerkennung und Dank gedenken wird, denn sie gehören Beide der Geschichte an.

Stadens eigenste Schlußworte aber sollen auch hier den Schluß bilden:

„So nun etwan ein junger gesell were, der mit diesen schreiben und zeugen keinen genügen hette, darmit er nicht im zweiffel lebe, so neme er Gott zu hilff, und sahe diese rehse an. Ich hab jim hierin kundtschafft genug gelassen, der spur volge er nach. Dem Gott hilfft, ist die welt nicht zugeschlossen. Dem allmechtigen Gott, der alles in allem ist, sey lob, ehr und preiß von ewigkeit zu ewigkeit Amen."

„Ich kann nicht wol glauben das von Hertzen
 könne Beten ein Mann,
Es sei dann das leibs gefahr oder ander
 groß Creutz und verfolgung in treffe an.
Dann wann der leichnam mag nach seinem
 willen leben,
Wil die arme Creatur allezeit wider iren
 schöpffer streben.
Darumb dem menschen dem Gott zuschickt
 gegen Sput,
Meynet er es wahrhaftig herzlich gut.
Daran niemandt zweifel habe.
Solchs ist eine Gottes gabe.
Kein trost, wehr noch wogen, gefunden wird
 zu keiner frist,
Dann allein der mit dem glauben und
 Gottswort gerüstet ist.

Darumb ein jeder Gottesfürchtiger Mann,
Deine kinder nichts bessers leren kann,
Dann das sie das wort Gottes wol fassen,
So können sie sich in zeit der noth darauff verlassen.
Darmit du lieber Leser nicht solt erachten,
Ich habe dise meine mühe und rhum gethan mich für etwas zu achten.
Es geschicht dem Allmechtigen Gott zulob und preiß,
Der aller menschen hertzen und gedancken weiß.
Dem lieber Leser befehl ich dich
Der wölle auch nun fortan behüten mich.